W0301573

REGINE HEUE

Kühe, Hühner, FERIENGLÜCK

Die besten Ideen für
URLAUB AUF DEM BAUERNHOF
in Deutschland
*****
Mit Erlebnisgarantie

BRUCKMANN

INHALTSVERZEICHNIS

0 50 km
N
SCHWEDEN
DÄNEMARK
Ostsee
Nordsee
NORDFRIESISCHE INSELN
SYLT
Flensburg
111
87
88
Schleswig
89
Schleswig-
Holstein
Sankt Peter-Ording
110
64
Meldorf
Kieler Bucht
26
Kiel
24
25
66
FEHMARN
43
RÜGEN
Sassnitz
Binz
36
98
Stralsund
USEDOM
Greifswald
Lübecker Bucht
44
Lübeck
86
78
37
14
Rostock
Wismar
77
79
Cuxhaven
65
OSTFRIESISCHE INSELN
Wilhelms-
haven
81
83
Emden
Aurich
82
Leer
Bremer-
haven
Stade
Elbe
HAMBURG
Geesthacht
Mecklenburg-
Vorpommern
54
13
Schwerin
Neu-
brandenburg
99
80
15
MÜRITZ
55
35
95
Oldenburg
Weser
Bremen
18
38
Lüneburg
50
8
Schwedt
Oder
POLEN
NIEDER-
LANDE
Ems
Niedersachsen
101
100
Aller
Neuruppin
7
16
Meppen
85
17
Nauen
BERLIN
51
20
Hannover
Wolfsburg
Stendal
Sachsen-
Anhalt
Osnabrück
Rheine
Braun-
schweig
Magdeburg
109
34
Potsdam
Brandenburg
Frankfurt
a. d. Oder
Rhein
103
Münster
40
Bielefeld
Weser
Salzgitter
Luckenwalde
9
Spree
Nordrhein-
Westfalen
Wittenberg
Dessau
Cottbus
57
Castrop-Rauxel
Paderborn
Einbeck
Quedlinburg
Saale
Essen
Dortmund
Möhnesee
Göttingen
75
Mülheim
Bochum
19
56
84
Halle
Leipzig
104
Düssel-
dorf
Wuppertal
39
102
12
Kassel
96
97
53
52
67
Nordhausen
Riesa
59
Lever-
kusen
Erfurt
23
42
Dresden
Görlitz
BELGIEN
KÖLN
Siegen
Bad
Hersfeld
Eisenach
45
Jena
Gera
Sachsen
Elbe
108
Aachen
Chemnitz
63
Bonn
40
Hessen
Thüringen
58
11
27
Gießen
Fulda
Koblenz
62
Plauen
60
105
41
FRANKFURT
a. Main
10
Hof
107
Rheinland-
Pfalz
21
Wies-
baden
Coburg
61
Bitburg
Mosel
Mainz
Hanau
94
Schweinfurt
Haßfurt
106
LUXEM-
BURG
Trier
Darmstadt
Main
Bamberg
76
29
28
Würzburg
Ochsenfurt
5
TSCHECHIEN
22
Saar
Saarland
Ludwigshafen
Mannheim
Kaisers-
lautern
Uffingen
Nürnberg
73
Saarbrücken
Speyer
Heidelberg
71
Heilbronn
Rhein
Karlsruhe
Baden-
Württemberg
Dinkelsbühl
Regensburg
Deggen-
dorf
STUTTGART
Weltenburg
Ingolstadt
Landau
a. d. Isar
30
Neckar
Reutlingen
93
Lech
Bayern
Isar
Passau
FRANKREICH
90
Ulm
Neu-Ulm
Augsburg
Inn
Donau
Iller
Donau
46
47
70
MÜNCHEN
Freiburg
91
Ammersee
Starn-
berger
See
72
Chiem-
see
31
2
Rosenheim
92
32
68
3
1
Kaufbeuren
4
6
33
Tegernsee
48
Lörrach
Konstanz
69
Kempten
49
Bodensee
Lindau
74
SCHWEIZ
Oberst-
dorf
Garmisch-
Partenkirchen
Inn
ÖSTERREICH
LIECHTEN-
STEIN

»SORGE DICH NICHT UM DIE ERNTE, SONDERN UM DIE RICHTIGE BESTELLUNG DER FELDER.«
Konfuzius

Spaß und Auszeit inmitten der Natur

Als meine Tochter sehr klein war, nannte sie Kühe »Mulikus«. Sie war so fasziniert von ihnen, dass wir beim Spazierengehen immer anhalten mussten, um Kühe zu beobachten. An keinem Stall konnten wir vorbeigehen, ohne einen Blick hineinzuwerfen.
Obwohl wir auf dem Land wohnen und mit Bauernhöfen und deren Tieren vertraut sind, brachte mich die »Muliku«-Liebe auf die Idee, einen Urlaub auf dem Bauernhof zu buchen.

Das war der Beginn dieses Buches und einer wahren Leidenschaft, denn Urlaub auf dem Bauernhof ist etwas ganz Besonderes und macht geradezu süchtig. Man lernt die Menschen, das Land, den bäuerlichen Alltag und das »echte« unverfälschte Leben kennen. Die Kleinen schauen den Landwirten über die Schulter und erfahren viel Interessantes über die alltägliche Arbeit auf dem Hof. Gleichzeitig wird spielerisch das Bewusstsein geschärft, wo Lebensmittel herkommen und wie viel mühevolle Arbeit dahintersteckt. Vielen Kindern und auch Eltern ist das heute oftmals nicht mehr bewusst.
Zudem ist jeder Bauernhof einzigartig – und das betrifft nicht nur die Bauweise. Aber es gibt auch Gemeinsamkeiten: Man

kann dort abtauchen, ohne Termine, mit viel Ruhe und an der frischen Luft. Man kann sich wieder auf das Wesentliche konzentrieren und trotzdem viel Spaß haben. Wer die Tiere beobachtet oder bei der Arbeit auf dem Hof mithilft, erlebt immer wieder einmalige und unvergessliche Augenblicke. Die Tiere strahlen Gelassenheit und Zufriedenheit aus und geben einem Kraft für den hektischen Alltag.
Obwohl ich mittlerweile mit meiner Tochter fast nur noch Reiterhöfe besuche, war es das reinste Vergnügen, die über 100 Bauernhöfe für Sie zu entdecken und in diesem Buch vorzustellen. Meine Auswahl beruht auf persönlichen Vorlieben und stellt natürlich nur einen kleinen Ausschnitt der Bauernhöfe dar, die es in Deutschland gibt und deren Gastgeber jeden Tag ihr Bestes geben. Alle bieten Ihnen Unterkünfte, wie Gästezimmer, Ferienwohnungen, Ferienhäuser oder Heuschlafmöglichkeiten, damit Sie als Single, Paar oder Familie Ihr persönliches Bauernhof-Abenteuer erleben können.
In diesem Sinne hoffe ich, dass Sie sich inspirieren lassen und Ihre eigenen, einzigartigen Abenteuer auf einem der vorgestellten Bauernhöfe erleben.

Herzlichst
Regine Heue

Was gibt es Schöneres, als nass werden zu dürfen, das Element Wasser zu erkunden und selbst bei Regenwetter Spaß zu haben?

ERLEBNISWELT BAUERNHOF

»Kinder, Tiere, Pflanzen, da liegt die Welt noch im Ganzen!«

Christian Morgenstern hat es schon gewusst: Natur tut gut. Frische Landluft, angenehme Ruhe, genügend Platz und viele Tiere – das alles gibt es bei einem Urlaub auf dem Bauernhof. Diese Art von Ferien ist nicht nur ideal für Familien mit Kindern, sondern auch für gestresste Großstadtbewohner. Denn auf einem Bauernhof gewinnt man kinderleicht Abstand vom Alltag.

Die meisten Kinder lieben Tiere und sind für Spiel und Spaß im Freien zu begeistern. Wenn sie jedoch nicht in ländlicher Umgebung aufgewachsen sind, kennen sie Schweine, Pferde, Kühe und Hühner meist nur aus Büchern. Hoftiere sind ihnen oftmals fremd, und sie haben wahrscheinlich weder jemals Hähne krähen gehört noch kennen sie den Geruch von Mist und Dung. Nicht wenige denken, dass Schnitzel aus der Tiefkühltruhe und dass Obst, Gemüse oder Milch aus dem Supermarkt kommen. Wer und was hinter unseren Lebensmitteln steht und wie viel Arbeit und Mühe es bereitet, sie zu produzieren, ist dem Nachwuchs oft nicht klar. Wo könnte er das einfacher und besser lernen und erfahren als auf dem Bauernhof? Hier dürfen sich die Sprösslinge austoben, jeden Tag neue Abenteuer erleben und im spielerischen Umgang mit Kühen, Ziegen, Schweinen und Hühnern einiges über die Herkunft unserer Lebensmittel lernen.

DIE TOP 5 BAUERNHÖFE

Dreher's Erlebnishof in Bad Saulgau – toller Bauernhofurlaub mit »Landwirtschaft 4.0«-Erlebnissen

Bussjägerhof in Böbing – Urlaub der Extraklasse abseits von Lärm und Verkehr mit wunderschönen Aussichten in die Natur

Sonnenlandhof in Wuthenow – himmlische Ruhe, frische Landluft, genug Platz zum Bewegen und jede Menge Tiere zum Kennenlernen

Bauer Korl's Golchener Hof in Golchen – fernab von Stress und Hektik der ideale Platz zum Durchatmen und Ausruhen

Ferienhof Radlandsichten in Malente – klimaneutraler Urlaub und Idylle pur abseits des Alltagstrubels

Kleiner Mann, ganz groß:
Bei solch einem Traktor leuchten nicht nur Kinderaugen!

Neugierig blickt die Kuh auf die kleinen Gäste.

1 DREHER'S ERLEBNISHOF

Ausgezeichneter Hof

Im Herzen Oberschwabens in Bad Saulgau-Lampertsweiler liegt der Erlebnishof Dreher, der 1890 von der Familie übernommen wurde und seither bereits in vierter Generation bewirtschaftet und weiterentwickelt wird. Hier kann man nicht nur einen erholsamen Bauernhofurlaub genießen, sondern auch »Landwirtschaft 4.0« kennenlernen. Mit seiner modernen Milchwirtschaft, zwei Melkrobotern, einer automatischen Fütterungsanlage, die 120 Milchkühe vollautomatisch versorgt, und einer Biogasanlage, deren Abwärme viele Haushalte im Dorf beheizt und den eigenen Strom als erste »Bauernhof-Ladestation« Deutschlands bereitstellt, lässt der Erlebnishof kleine und große Technik-Freaks staunen. Hier gehen die Kühe zum Melken, wenn sie es möchten. Der Melkroboter ist mit einem integrierten Massagegerät ausgestattet, der neben weiteren Wellness-Utensilien wie Kuhbürsten fürs perfekte Kuhwohl sorgen. Dafür wurde der Hof bereits ausgezeichnet. Doch auch Menschen, die sich weniger für Technik interessieren, kommen auf ihre Kosten. Zum Erlebnishof gehört ein Streichelzoo. Hier warten viele weitere Tiere wie Esel, Ponys, Ziegen, Enten, Hühner und das Hirschkalb Heidi darauf, besucht zu werden. Dank Ponyreiten, E-Bike-Touren, der Miete von E-Lastenrädern für Familien, einer Spielburg im Heustock, Kettcars, Trampolin und einem neuen Spielplatz wird es auf dem Hof nie langweilig. Abends besucht man das Rotwild mit fast 40 Rothirschen. Alle Tiere können gefüttert werden und fressen einem – die meisten jedenfalls – aus der Hand. Neben den Agrarkulturflächen bewirtschaftet der Hof auch sogenannte Pflegewiesen, die unter Naturschutz stehen und eine reiche Flora und Fauna zum Beobachten und Erkunden bieten. Das Milchhäusle liefert rund um die Uhr frische Milch, Bauernhof-Eis und regionale Produkte. Im Hofcafé kann man nach Voranmeldung eine Hofbesichtigung mit anschließender Vesper buchen. Der Hofladen hält eine große Auswahl an selbst erzeugten Produkten wie Äpfeln, Kartoffeln, Eiern, Butter, Nudeln, Marmelade und Wurst von eigenen Tieren sowie aus der privaten Jagd bereit. Für die ausreichende Verpflegung in den Ferienwohnungen und -häusern ist also bestens gesorgt. Freitags ist Backtag: Dann gibt es herrliche selbstgemachte Kuchen und Brot. Der Erlebnishof wurde als einer der DLG-Ferienhöfe des Jahres 2020 ausgezeichnet. **www.drehers-erlebnishof.de**

»BAUERNHOFURLAUB FÜR TECHNIK-FREAKS.«

TIPPS & INFOS

NATUR: In der Kur- und Bäderstadt Bad Saulgau widmet sich der neue NaturThemenPark auf vielfältige Weise den Bereichen Wasser, Pflanzen, Tiere, Geologie und Landschaft.

WELLNESS: In der Sonnenhof-Therme sprudelt das schwefelhaltige Thermalwasser der staatlich anerkannten Heilquelle, die sich über Tausende von Jahren mit heilkräftigen Inhaltsstoffen angereichert hat.

FREIZEIT: Der Bodensee mit der Blumeninsel Mainau, dem Ravensburger Spieleland oder auch der Kletterpark Tannenbühl liegen nicht einmal eine Autostunde entfernt. Im Sommer wird der Wagenhauser Weiher in drei Kilometern Entfernung als Badesee genutzt.

INFO: **www.tourismus-bw.de**

2 GUTSHOF KÄPPELER

Dennetle im Lehmofen

Auf dem Gutshof Käppeler in Beuron-Thiergarten im Naturpark Obere Donau ist alles vorhanden, was Kinder und Erwachsene zum Spielen, Lernen und Ausruhen brauchen. Rund um den Hof erstrecken sich Weiden und Äcker mit verschiedenen Feldfrüchten und eine Streuobstwiese. Von den meisten Ferienwohnungen aus kann man Damwild im Gehege beobachten. Aber auch auf dem Hof selbst lässt sich immer wieder Neues entdecken: Holz wird gesägt, Zäune werden gebaut, Strohballen gefahren, es wird gepflügt und geackert. Natürlich können sich die Kleinen und Großen auch um die Tiere kümmern und den Hasenstall ausmisten oder beim Auflesen der Äpfel helfen. Falls Eltern ihre Kinder einmal vermissen sollten: Am besten in der Streuscheune vorbeischauen. Ansonsten wird von Brötchenservice bis Lebensmittelbestellung oder Essen à la carte auch kulinarisch einiges geboten. Ein Restaurant befindet sich in der alten Scheune, und neben dem großen Gastraum mit seinem gemütlichen Ambiente gibt es auch ein Frühstückszimmer. Am Hof können sich Selbstversorger mit hofeigenen und regionalen Lebensmitteln eindecken. Ab Ostern werden einmal in der Woche schwäbische Flammkuchen, die Dennetle, im Lehmofen gebacken. Getränke nimmt man sich aus dem Kühlschrank, und am Hofeingang befindet sich ein kleiner Kräutergarten, in dem Schnittlauch, Minze und andere gesunde Geschmacksverstärker gedeihen. **www.gutshof-kaeppeler.de**

TIPPS & INFOS

FREIZEIT: Im Naturpark leben seit einigen Jahren wieder Luchse. Im Sommer 2017 wurde dazu der Luchs-Info-Point eröffnet. Dort kann man sich über die größte Raubkatze in unseren Wäldern informieren und aktuelle Nachweise finden. Der Besuch des Info-Points lässt sich gut mit einem Abstecher auf die Burg Wildenstein kombinieren. In der Umgebung locken der Affenberg Salem, die Bachritterburg Kanzach oder der Barfußpfad Tieringen.

WANDERN: Der Luchs-Info-Point eignet sich als Ausgangspunkt für eine Wanderung durch die Region. Hier gibt es für jeden Wandergeschmack etwas, vom kurzen Spaziergang bis zur mehrtägigen Wanderung.

INFO: **www.naturpark-obere-donau.de**

Herrliche Aussicht auf den Bodensee von der Wallfahrtskirche Birnau

3 HERMANNSHOEHE

Goldmedaillen-Gewinner

Nördlich des Bodensees verbringt man auf der Hermannshoehe in Deggenhausertal unvergessliche Tage auf einem Hof mit Kühen, Schweinen, Hasen, Hund, Katzen und Fischen. Unter den ausladenden Kronen von Bio-Obstbäumen bietet der Hof unbegrenzte Bewegungsfreiheit, und der Gemüse- und Bauerngarten gleicht einem Paradies. Der große Spielplatz mit Rutsche, Schaukel, Sandkasten, Trampolin, Minigolf, Tischtennis und Tischfußball lässt nicht nur Kinderherzen höher schlagen, auch Jugendliche und Erwachsene finden hier Abwechslung. Zwei Fischteiche gehören ebenso zum Hof – beide eingezäunt, damit den jüngsten Gästen nichts passieren kann. Ab Ende August werden die Früchte von den Hochstämmen der 100 Apfel- und Birnbäume geerntet. Früher wurde das per Hand erledigt, heute kann man einer Apfel-Auflese-Maschine bei der Arbeit zusehen. Im Herbst wird das Holz für den Winter eingelagert. Während der kalten Jahreszeit steht der Baumschnitt an. Das anfallende Reisig und die Äste werden zu Haufen geschichtet und für die Hackschnitzelheizung verwendet. Die modernen Ferienwohnungen befinden sich in einem eigenen Gebäude mit separatem Eingang. Die Bauernfamilie Praster stellt Liköre aus Himbeeren, Rosenblüten, Erdbeeren, Pflaumen und Gartenkräutern her. Für den Obstler wurde die Hermannshoehe bereits mit einer Goldmedaille ausgezeichnet. **www.hermannshoehe.info**

TIPPS & INFOS

WANDERN: Von Ostern bis Allerheiligen ist im Deggenhausertal die Schaukelsaison eröffnet. Entlang einer Wandertour stehen 14 Schaukeln, ausgerichtet in unterschiedliche Himmelsrichtungen, auf denen man in luftiger Höhe die Landschaft bestaunen kann. Oder man wandert auf dem Franziskusweg, einem meditativen Wanderweg mit Bildstöcken. Vom Aussichtspunkt auf dem Höchsten (838 m) bietet sich eine herrliche Sicht zum 17 Kilometer entfernten Bodensee und auf die Alpen, Oberschwaben, den Linzgau und den Hegau. Dort zieht sich der Schwäbisch-Alemannische Mundartweg entlang, der viel Wissenswertes und Lustiges über die Mundart der Region verrät. Etliche Prominente haben auf dem Rundweg ihre Fußabdrücke und Unterschriften hinterlassen.
INFO: **www.deggenhausertal.de**

Herrliche Lage im oberbayerischen Pfaffenwinkel.

»Traumurlaub – auch für die Kleinen«

4 Bussjägerhof

Grünes Paradies abseits des Lärms

Seit mehr als 300 Jahren befindet sich der Bussjägerhof in Böbing im oberbayerischen Landkreis Weilheim-Schongau in Familienbesitz. Heute leben vier Generationen auf dem traditionellen Erlebnisbauernhof zusammen. Abseits von Lärm und Verkehr mit wunderschönen Aussichten auf die vielfältige Natur kann man hier Urlaub der Extraklasse verbringen. Während sich die Eltern Ruhe gönnen, haben die Kleinen endlosen Spaß mit zahlreichen Tieren und vielen Spielmöglichkeiten. Im speziell für die Kleinsten eingerichteten Spielzimmer vergnügen sie sich im Bällebad, hüpfen auf der Tobematratze oder spielen den Bauernhofalltag mit Traktoren und Tieren nach. Außerdem warten dort eine Holzeisenbahn, ein Legotisch, Lego-Duplo und einiges mehr auf sie. Ideal, wenn es mal regnet … Draußen auf der großen Spielwiese erfreuen sich alle Kinder bei rasanten Seilbahn-Abfahrten, in der Vogelnestschaukel, dem Spielhaus oder im Sand- und Matschplatz mit Matschküche. Auf der Slackline, am Balancierbalken, den Reckstangen, einem Kletterspielturm mit Rutsche, auf dem Piratenspielschiff, einer 50 Meter langen Kugelbahn und dem großen Fußballplatz toben sich Sportbegeisterte aus. In der Spielscheune warten Trampolin, Kletterwand, Tunnelrutsche und eine Feuerwehrrutsche auf die Kids. Und während die Älteren das Bouldern üben, schwingen sich die Kleinen aufs Schaukelpferd. Auf dem hofeigenen Waldspielpfad balancieren die Kinder über Bäume, machen Waldmusik, durchqueren den Bach und bauen Staudämme, schaukeln zwischen den Bäumen oder klettern die Felswand am Seil hoch. Für Wasserratten geht im eingezäunten Bachlauf und Biopool der Wasserspaß so richtig los. Die Kids können aber auch Molche beobachten oder sich auf dem Floß »MS Bussjägerhof« selbst übers Wasser ziehen. Natürlich ist zudem für die Großen gesorgt: mit Entspannung im Saunastadl, bei wohltuenden Massagen oder am Biopool mit bequemen Sonnenliegen. Morgens werden die am Abend zuvor bestellten Leckereien im Frühstückskörbchen frisch an die Tür der Ferienwohnung gebracht, oder man genießt das abwechslungsreiche Schlemmerfrühstück. Aber auch tagsüber ist für das Wohlergehen gesorgt: Im Eingangsbereich der Hofstube gibt es für die Gäste gekühlte Getränke, selbstgemachte Marmelade und Honig. Auf Wunsch und Bestellung wird zur Anreise der Kühlschrank der Wohnungen oder Ferienhäuser mit regionalen Produkten gefüllt. **www.bussjaegerhof.de**

Tipps & Infos

FREIZEIT: In der Umgebung warten unendlich viele Attraktionen auf Aktive, wie zum Beispiel die Bergbahnen Hörnle, Kreuzeck, Kolben, Herzogstand und Zugspitze. Nicht so urgewaltig wie die Partnachklamm ist die Schleifmühlklamm, dafür herrscht hier weniger Andrang. Auch der Bohlenweg oder das Ramsachkircherl St. Georg am Murnauer Moos lohnen den Abstecher. Die Thermen und Wellenbäder in Kochel, Schwangau und Oberammergau garantieren Wasserspaß bei jedem Wetter, im Sommer locken der Staffel- und der Ammersee, der Starnberger und der Lugenauer See.
KULTUR: Die Schlösser Linderhof, Neuschwanstein und Hohen Schwangau oder das Kloster Ettal sind von Böbing aus gut zu erreichen. Der Markt Murnau am Staffelsee mit dem Münter-Haus, dem Schloss Murnau und der Kottmülleralle liegt nur ein paar Minuten entfernt.
WANDERN: Aktive erkunden den Murnauer-Moosrundweg.
INFO: **www.pfaffenwinkel.de**

Der Tag beginnt mit einem leckeren Frühstück mit Produkten vom Bussjägerhof.

Eine Traktorfahrt auf dem Ferienhof Eulennest schafft unvergessliche Erinnerungen.

5 FERIENHOF EULENNEST

Ideal zum Einnisten

Wer sich in Gollachostheim – auf halber Strecke zwischen Würzburg und Ansbach gelegen – einquartieren und ein paar erholsame Tage erleben möchte, ist auf dem Ferienhof Eulennest an der richtigen Stelle. Die herrliche Lage und das idyllische Ambiente begeistern nicht nur Sprösslinge. Das Kinderparadies bietet mit Trampolin, Spielscheune samt Kicker, Tischtennis, Rutsche, Zwergenecke und Piratenschiff viel Platz zum Spielen und Toben – vor allem für Kleinkinder gibt es im abgeschlossenen Hof oder der Spielscheune sichere Bereiche. An heißen Sommertagen wird das Planschbecken zum Abkühlen und Erfrischen oder für gemeinsame Wasserschlachten aufgestellt. Zum wöchentlichen Hofprogramm gehören das geführte Ponyreiten, Traktorfahrten oder speziell im Sommer das Pizzabacken sowie die geselligen Abende am Grillplatz. Wer Lust hat, kann an einer Alpakawanderung teilnehmen: Die einstündige Tour ab Hof ist kinderwagentauglich, so dass auch die Großen mit den ganz Kleinen mitgehen können. Die Alpakas Willi, Hermann, Dorothea und Maggie haben alle eigene Persönlichkeiten: Von sanftmütig, geduldig, stolz und neugierig bis frech reicht die große Palette an Charaktereigenschaften. In den familiengerechten Ferienwohnungen stehen Apartments für Oma und Opa, Kinderbetten, Nachtlicht, Verdunklungsmöglichkeit, Mückenschutz und im Bad Antirutscheinlagen oder Tritthocker am Waschbecken bereit – eben alles, was schöne Ferien auch noch sicher macht. **www.ferienhof-kleinschroth.de**

TIPPS & INFOS

FREIZEIT: Der Indoor-Spielplatz Krümelland mit Wabbelberg, Abenteuer-Kletterpark, Trampolinen und einer Wellen-Rutsche liegt nicht allzu weit entfernt, ebenso der FunPark Würzburg mit E-Scooter und Boulderwand oder das Legoland mit seinen 64 Attraktionen. Einmalige Erlebnisse versprechen auch der Playmobil Funpark oder der Freizeitpark Geiselwind.

RAD/WANDERN: Hier kommen sportliche Familien auf ihre Kosten. Radfahrer können zwischen Würzburg und Füssen auf dem Radfernweg Romantische Straße 500 km zurücklegen. Ein Weitwanderweg führt über eine ähnlich lange Distanz als Genießerweg durch traumhafte Landschaften.

INFO: **www.sehenswertes-bayern.de**

Wanderungen für Familien mit kleinen Kindern sind im Voralpenland kein Problem.

6 ABRAHAMHOF

Echter Sehnsuchts-Hof

Mitten in Benediktbeuern trifft Tradition auf Moderne: Der Abrahamhof lässt zu jeder Jahreszeit die Herzen von Klein und Groß höher schlagen. Neben zahlreichen Möglichkeiten, sich am Spielplatz auszutoben, kann man Traktor fahren, Kühe eintreiben, melken lernen oder Kutschfahrten und Ausritte auf den schönen Klosterrundwegen unternehmen. Wer das alles zu aufregend findet, darf natürlich auch im Garten auf dem Liegestuhl einfach mal die Seele baumeln lassen. Auf dem Abrahamhof kann man in die Welt der Landwirtschaft eintauchen, den bäuerlichen Alltag kennenlernen und alles Wissenswerte rund um den Hof aus erster Hand erfahren. Bei der Heuernte mitzuhelfen, über die Heubahnen zu springen und auf dem Heuwagen wieder zurück zum Hof zu fahren, sind die Highlights im Sommer. Einen Riesenspaß bieten auch das gemeinsame Heuhüpfen auf der Tenne oder die legendäre Traktor-Rallye, bei der die Nachwuchsrennfahrer und deren Eltern ihr fahrerisches Geschick auf einem Oldtimer-Traktor beweisen können. Im Herbst geht es ans gemeinsame Pflücken und Aufsammeln der Äpfel und Birnen im hofeigenen Obstgarten. Das Obst wird dann in der nahegelegenen Presse frisch zu Saft verarbeitet – ein gesunder Genuss, auch zum Mitnehmen! Im Winter bietet der Abrahamhof Schneeschuhwanderungen, Langlaufen, Rodeln, Eislaufen, Fackelwandern und Winterreiten an, oder man sitzt einfach in der warmen Hütte zusammen und lässt sich ein heißes Getränk schmecken. **www.abrahamhof.de**

TIPPS & INFOS

FREIZEIT: Das Voralpenland ist im Sommer ein Eldorado für Wassersportler. Der Walchen- und der Kochelsee, der Höllsee und die Osterseen liegen in der näheren Umgebung.

WANDERN: Vor der Haustür lädt eine zauberhafte Bergwelt von sanften Hügeln bis zu hohen Bergspitzen zu zahllosen Wanderungen in der Natur ein.

NATUR: Das Beuerne Moos ist ein lebendiges Mosaik aus Hochmooren, kalkreichen Sümpfen, Streuwiesen, Moorwäldern und Moorseen. Im sagenumwobenen Bergwald mit seiner unvergleichlich schönen Natur kann man sich von den spannenden Sagen und Geschichten rund um das Loisachtal in den Bann ziehen lassen.

INFO: **www.walchensee-kochelsee.de**

Ob ich wohl den Esel-Führerschein bestanden habe?

Früh übt sich, wer ein Landwirt werden möchte.

7 SONNENLANDHOF

Familiärer Urlaubsbauernhof

Grüne Wälder, klare Seen, weite Felder – egal, ob man gern draußen Sport treibt oder einfach nur die Landschaft genießen möchte: Wuthenow ist ein toller Ort, um in aktiven Kontakt mit Mutter Natur zu treten. Hier gibt es eindrucksvolle Naturschönheiten wie den Tempelgarten oder den Beetzer See. Wuthenow selber ist wahrscheinlich das älteste Dorf des Ruppiner Landes. Er wurde das erste Mal 1319 als Wotenowe urkundlich erwähnt und steht in einem Visitationsprotokoll von 1541 als »Wothenow uber dem sehe«. Aber das ist graue Vorzeit … Im Sonnenlandhof laden heute große Obstwiesen und das Summen der Bienen, viele Spielmöglichkeiten, die »Sonderbar« (eine vielseitig gestaltete Fläche mit Grillplatz, Feuerstelle, Sitzgelegenheiten, Sandkasten und einer kleinen Außenbar für besondere Anlässe) und der ganze Hof zur bewussten Entspannung ein. Himmlische Ruhe, frische Landluft, genug Platz zum Bewegen und jede Menge Tiere zum Kennenlernen gibt es hier. Die vier Ziegen Grete, Charlotte, Rüdiger und Cäsar, die Esel Kaspar und Melchior sowie zwei Kaninchen, Hühner, Schafe, Enten, Katzen und Dackel Toni freuen sich über die Aufmerksamkeit der kleinen und großen Gäste. Die Kinder helfen aktiv mit, die Tiere zu versorgen und zu pflegen – und wenn sie recht fleißig waren, bekommen sie auch das begehrte Sonnenlandhof-Diplom. Das wird nur noch vom Esel-Führerschein übertroffen. Die geführten Eselspaziergänge sind ein Highlight für die ganze Familie. Oder man genießt den Moment zu zweit, falls man die Ruhe und Nähe der intelligenten Langohren sucht oder mehr über die tollen Gefährten erfahren möchte, auf die der Ausdruck »sturer Esel« absolut nicht zutrifft. Hinter dem Eselgehege geht es zur großen Obstwiese und zum Kinderspielplatz mit Schaukel, Rutsche und Sandkasten. Die Obstwiese kann für Spiele wie Federball, Crocket oder Fußball genutzt werden – oder einfach nur als Liegewiese zum Entspannen oder für ein kleines Nickerchen nach dem Mittagessen. Liegen und Bänke sind selbstverständlich vorhanden. Während die Kinder am Hof unterwegs sind, gibt es für die Eltern in der dazugehörigen Naturheilpraxis Sonnenlandhof gezielte und individuelle Angebote zur Entspannung. Auch Yoga und meditative Klangreisen finden regelmäßig in der Nähe statt. Die Ferienwohnungen sind auch für Allergiker geeignet.

www.sonnenlandhof.de

»HIMMLISCHE RUHE, FRISCHE LANDLUFT, GENUG PLATZ ZUM BEWEGEN UND JEDE MENGE TIERE ZUM KENNENLERNEN«

TIPPS & INFOS

FREIZEIT: Mit Kajak, Kanadier oder Tretboot erreicht man über den Ruppiner See die Fontanestadt Neuruppin oder man steuert über den Rhinkanal die anliegenden Seen mit ihrer reichhaltigen Flora und Fauna an. Ein Besuch im Thermalbad oder mehr noch das Bad in einem der schönen sauberen Brandenburger Seen lohnen unbedingt – die nächste Badestelle liegt nur 500 m entfernt. Wer möchte, schaut beim Tierpark Kunsterspring vorbei.

NATUR: Der Müritz-Nationalpark mit seiner atemberaubenden Kulisse aus Wäldern, Seen und Mooren lockt mit zahlreichen Naturerlebnissen.

RAD/WANDERN: Im Ruppiner Land lässt sich auf Fontanes Spuren radeln und wandern. Der Dichter war zeitlebens von diesem Fleckchen Erde sehr angetan.

INFO: **www.tourismus-neuruppin.de**

Vom Bauerngarten mit seinen bunten Beeten sind es nur ein paar Schritte in die Natur.

8 FERIENHOF ZUR TABAKBLÜTE

Idyll im Naturpark Unteres Odertal

In Friedrichsthal, gelegen in der Uckermark inmitten der einmaligen, reichhaltigen Flora und Fauna des Nationalparks Unteres Odertal, entdecken die Kinder die Natur auf dem Ferienhof zur Tabakblüte. Weit weg vom Trubel können sich Groß und Klein in idyllischer Umgebung erholen. Bis zum Jahre 1974 war das Anwesen ein aktiv betriebener Bauernhof. Noch in den 1990er-Jahren wurde hier Tabak angebaut, so erhielt das Gut auch seinen Namen. Seit 2014 ist der Ferienhof zur Tabakblüte wieder ein Landwirtschaftsbetrieb, der sich neben Ackerbau auch mit der Rinder- und Schafzucht beschäftigt. Auf dem Hof werden Welsh-Black-Rinder und Schwarzkopfschafe gehalten. Deswegen tummeln sich auf der Koppel neben schwarzen Kälbchen mit leuchtend gelben Ohrmarken auch Lämmer. Die hellen Ferienwohnungen befinden sich im Obergeschoss eines rekonstruierten Stallgebäudes und sind über einen Laubengang erreichbar. Zusätzlich zur Buchung einer Ferienwohnung kann man sich mit einem Frühstück oder Abendessen verwöhnen lassen. Dabei werden vorwiegend regionale Lebensmittel oder Produkte aus der eigenen Landwirtschaft verwendet. Auch das gemeinsame Kochen mit hofeigenen Produkten ist möglich. Der Hofladen bietet Leckeres aus eigener Herstellung an.

www.ferienwohnung-tabakbluete.de

TIPPS & INFOS

RAD/WANDERN: Die Region ist für ihre mehr als 200 km langen Deich- und Wanderwege bekannt.

FREIZEIT: Auch Inlineskater oder Nordic Walker finden hier die passenden Routen. Wer möchte, nimmt an einer geführten Kanutour in Mescherin teil.

KULTUR: Kulturell wird in Stettin, bei den Choriner Musikwochen oder an den Uckermärkischen Bühnen in Schwedt einiges geboten.

NATUR: Deutschlands einziger Flussauen-Nationalpark lässt die Natur noch Natur sein. So werden rund 280 Vogelarten beobachtet, von denen etwa 160 auch hier brüten. Eine Landschaft, weit und leer – zum Träumen und Genießen.

INFO: **www.nationalpark-unteres-odertal.eu**

»LANDURLAUB MIT STREICHELTIEREN IN EINER WUNDERBAREN UMGEBUNG«

9 FERIENHOF TILLICH

Die Seele baumeln lassen

Einfach mal fünf gerade sein lassen und den Alltag vergessen, das ist für die ganze Familie im Ferienhof Tillich in Kasel-Golzig möglich. Der Ferienhof in Spreewald-Nähe liegt in einer der schönsten Landschaften Brandenburgs mit weiten Feldern, den typischen Alleen, mit Wiesen, Flüssen und Wäldern. Die Umgebung ist für Radtouren und lange Spaziergänge wie geschaffen. Die Gebäude der Stallungen und des Wohnhauses stehen schützend um den Innenhof mit dem großen Walnussbaum. Der Baum bietet im Sommer unter seinem Blätterdach prächtige Schattenplätze für eine Siesta. Die Kleinen tollen derweil mit Hund Carlo, Hühnern, Katzen, Schafen, Gänsen, Enten und Küken sowie dem Schwein Michel umher oder sie beobachten Tauben, Schwalben und das Storchenpaar, das am Hof nistet. Riesenspaß bereitet es vielen Kindern, die Eier aus dem Hühnerstall zu holen. Die Großen entspannen in der Zwischenzeit am Pool, genießen die Sauna und die gute Landluft oder tanken Energie im Garten des Vierseithofs. Sportliche treffen sich zum Federball- oder Tischtennisspielen. Am Abend tauscht man sich dann bei einem kleinen Lagerfeuer über die Erlebnisse des Tages aus. So ist für jeden etwas geboten. Neben den Ferienwohnungen gibt es auch einen Aufenthaltsraum, in dem gemeinsam gegessen, gespielt oder Musik gehört werden kann. **www.ferienhof-tillich.de**

TIPPS & INFOS

NATUR: Das UNESCO-Biosphärenreservat Spreewald und seine Flusslandschaft gehört zu den schönsten und zugleich einzigartigsten Naturschutzgebieten Europas.

FREIZEIT: Das nahe Freizeitbad Spreewelten in Bad Lübbenau ist ganzjährig geöffnet. Das Badeparadies Tropical Islands mit acht Rutschen liegt mit dem Auto nur 15 Minuten entfernt.

RAD: Auf dem Gurkenradweg kann man den Spreewald per Rad auf 260 Kilometern entdecken. Die beliebte Rundtour führt direkt am Hof vorbei.

KULTUR: In Lübben stehen das historische Schloss, der Schlossturm und die restaurierte Stadtmauer. Auch das Besucherbergwerk F60 in Lichterfeld-Schacksdorf ist einen Besuch wert.

INFO: **www.spreewald.de**

Katzen finden sich auf fast jedem Bauernhof – manchmal mit ganz kleinem Nachwuchs.

Auf dem Hof schließen
die Kinder schnell
neue Freundschaften.

10 TIERERLEBNISHOF OBERMÜHLE

Tierische Hilfe

Tiere spornen Kinder zur Bewegung an und fördern ihr Selbstvertrauen – diesem ganz besonderen Ansatz folgt der Tiererlebnishof Obermühle in Biebergemünd-Kassel. Als eine der fünf Mühlen in Biebergemünd besteht das Anwesen aus einem Wohngebäude, der Mühle, dem ehemaligen Schweinestall, dem Backhaus, der Holzhalle und einem Stall. Als letztes Haus im Ort liegen Wald und Wiese praktisch vor der Tür. Von hier aus lassen sich ausgedehnte Wanderungen in den Spessart starten. Dank seinen vielen tierischen Helfern stehen in der Obermühle das soziale Miteinander – in der Gruppe und mit den Tieren – und der Respekt gegenüber der Umwelt im Vordergrund. Pädagogisch geschultes Personal hilft Kindern dabei, einen Zugang zu den Tieren zu entwickeln, sie zu verstehen und eine Beziehung zu ihnen aufzubauen. Dahinter verbirgt sich ein ganzheitliches Konzept für Kinder und Jugendliche. So lernen sie zum Beispiel in dem Kurs »Rund ums Pony«, die Vierbeiner zu versorgen und sich gegenseitig zu unterstützen. Nebenbei bauen sie durch die Kommunikation mit den Pferden mögliche Ängste vor den Tieren ab. Die Methode funktioniert natürlich auch bei Hunden. In Gruppentrainings zur Impulskontrolle erlernen die Kinder Techniken, um gelassener zu reagieren. Viel Spaß bringt die dazugehörige Parcoursarbeit mit den Hunden, in der sie die erlernten Strategien üben und gleichzeitig ihre Konzentration und Selbstkontrolle steigern können. Zum Konzept gehört auch das reitpädagogische Lehr-Konzept »Hippolino«, das das Reiten als Dialog begreift. Kurse zur »Leseförderung mit Hund & Co« erhöhen die Lese- und Sprachfähigkeit, vor allem, da die Hunde über Fehler nicht lachen, nicht kritisieren und keine Zwischenfragen stellen. Der Spaß mit den Ponys, Hunden, Katzen, bei Meerschweinchen, Schaf und Ziege, mit Enten, Hühnern und tollen Spielmöglichkeiten kommt natürlich auch nicht zu kurz. Eine weitere Besonderheit sind die Geburtstage, die man auf dem Hof feiern kann. Die Schatzsuche samt Ponykutsche, Reiterspielen, Nachtwanderungen mit Pferden und Lagerfeuer oder der Übernachtung im Heu lassen jeden Kindergeburtstag zum einzigartigen Erlebnis werden. In der modernen Ferienwohnung wurde übrigens früher das Mehl gemahlen. **www.tiererlebnishof-obermuehle.de**

»TIERE MOTIVIEREN KINDER, SICH ZU BEWEGEN, UND SIE FÖRDERN IHR SELBSTVERTRAUEN.«

Tiererlebnishof Obermühle

TIPPS & INFOS

FREIZEIT: In der Nähe von Biebergemünd liegt die Brüder-Grimm-Stadt Steinau, in der die berühmten Märchensammler Jacob und Wilhelm Grimm lebten. Neben dem Museum zu ihrem Lebenswerk gibt es Märchen-Stadtführungen und -vorträge. Junge Wissenschaftler kommen in der Kinderakademie in Fulda, im Museum Das Begehbare Ohr in Gelnhausen und im Frankfurter Senckenberg Naturmuseum auf ihre Kosten.

WANDERN: Als einer der schönsten Fernwanderwege Deutschlands gilt »Der Hochrhöner«. Er erstreckt sich über 175 km von Bad Kissingen in Bayern und die Hessische Rhön bis nach Bad Salzungen in Thüringen.

INFO: **www.rhoenfuehrer.de**

Bin ich hier richtig, um mir ein paar Streicheleinheiten abzuholen?

11 FERIENHOF KÖNIGSMÜHLE

Altes Handwerk mit neuem Antrieb

Inmitten des hessischen Biosphärenreservats Rhön erhebt sich der Ferienhof Königsmühle aus den idyllischen Wiesen und Feldern. Ringsum gibt es herrlich viel Platz zum Toben und Spielen: auf dem Spielplatz mit Rutsche, Schaukel, Sandkasten, Wippe und Karussell oder im kleinen Streichelzoo. Beim Reiten mit Pony Max, während der Mithilfe im Stall oder bei der Feldarbeit vergeht die Zeit wie im Flug. Oder sie fahren selbst: Der Kinder-Fuhrpark und die Bobbycars warten nur auf ein Rennen über den großen Hof. Ein Erlebnis ist auch die Getreidemühle, die dem Hof ihren Namen gab. Mit dem Wasser der Nüst, dem Bach vor der Haustür, wird das Mühlrad betrieben. Das Wasserrad ist der wichtigste Energielieferant und versorgt insgesamt fast 50 Antriebe von Maschinen in der Mühle mit Strom. Die erzeugte Antriebskraft wird per Transmission an alle Geräte und Fördereinrichtungen übertragen.
Der eigentliche Verarbeitungsprozess des Getreides beginnt mit der Reinigung der Körner: Das Korn wird per Elevator zum ersten Reinigungsgerät befördert, dem Aspirateur. Hier wird die Spreu vom Weizen getrennt. Danach beginnt der Mahlprozess. Die Körner gelangen wieder über Elevatoren zum Quetschstuhl und weiter zum Walzenstuhl. Der Weg zum Walzenstuhl führt über den sogenannten Plansichter, der durch eine Siebeinrichtung das Mehl aussondert, das bereits fein genug gemahlen ist. Wer möchte, kann zusehen und noch viel mehr über Mühlen und ihre lange Tradition und Geschichten erfahren. **www.koenigsmuehle.de**

TIPPS & INFOS

FREIZEIT: In der näheren Umgebung finden sich zahlreiche Attraktionen wie zum Beispiel das Basaltmeer Milseburg, der Rhön-Räuber-Park, der Barfußpfad Hofbieber, die Sieben-Welten-Therme und das Takka-Tukka-Abenteuerland in Künzell. Für den Badespaß sorgen viele Seen.
KULTUR: Unbedingt besuchen sollte man das Alte Rathaus in Fulda, direkt neben der Stadtpfarrkirche am Borgiasplatz, das zweifellos zu den am meisten fotografierten Gebäuden in der Barockstadt zählt. Auch das Geisaer Carillon, das Glockenspiel im Geisaer Kirchturm, verdient eine Stippvisite.
NATUR: Im Naturlehrgarten Fohlenweide kann man sich über geschützte Tier- und Pflanzenarten informieren.
INFO: **www.rhoentravel.de**

Was gibt es Schöneres, als gemeinsam draußen neue Spiele zu erfinden?

12 WEIDELSHOF

Der Märchenbauernhof

In der ländlichen Idylle des nordhessischen Berglands, der »GrimmHeimat« zwischen Kassel und dem Edersee, liegt in Naumburg der Kinderbauernhof Weidelshof. Die original erhaltene Fachwerkmühle im Wiesental der Kleinen Elbe, einem natürlichen Bach, ist eingebettet in die waldreiche Mittelgebirgslandschaft am Fuße der Weidelsburg. Mit Kaninchen, Schafen, Katzen, Ziegen, Esel Goldie, Ponys, einem Wald, dem Bachlauf zum Planschen, Spielwiesen, Bobby-Cars, Bollerwagen, Kinderfahrzeugen, Trampolin, Tischfußball und Fußballtoren ist der Weidelshof ein Kinderparadies und zudem speziell für Babys und Kleinkinder geeignet. Beim Tollen im Märchenspielzimmer, in der großen Spiel- und Märchenscheune mit Riesensandkasten oder in der Ritterburg kann es ruhig auch mal regnen. Auf dem Spiel-Heuboden tummeln sich die Minis im Heu und bauen Heunester. Über Tischtennis und Kicker freuen sich auch die älteren Gäste. Fußballtore stehen für die größeren Kinder auf der Wiese unterhalb des Hofs bereit. Aber auch für die Erwachsenen ist gesorgt: Im Kneipp-Gesundheitshof zählt das Wohlfühlen zum Repertoire. Der Wellness-Kneipp-Raum hält eine Sauna, Solarium und Ruheliegen bereit. An der Kleinen Elbe mit ihrem klaren Wasser ist eine Wassertretstelle zu finden. Der Kräutergarten vor dem Haus und viel Bewegung in der Natur bilden den Rahmen für gesunde Ferien, für Naturerlebnis, Ruhe und Zeit für sich und die Familie.

www.weidelshof.de

TIPPS & INFOS

NATUR: Aktive fühlen sich hier besonders wohl und können die herrliche Luft und die idyllische Landschaft mit ihrer vielseitigen Flora und Fauna genießen. Das Naturparkzentrum auf dem Dörnberg informiert altersgerecht über den gesamten Naturpark.

WANDERN: In der näheren Umgebung wird auch sonst einiges geboten. Der Habichtswald in Kassel mit dem Bergpark Wilhelmshöhe – übrigens UNESCO-Weltkulturerbe – lädt mit seinen Laubwäldern, Hochflächen und romantischen Burgruinen zum Erkunden ein.

FREIZEIT: Weidelsburg, GrimmWelt und der Wildpark Edersee sind allesamt einen Besuch wert.

INFO: **www.hessen-tourismus.de**

Schönes Familienhotel für einen entspannten Urlaub mit Ostsee-Flair

13 BAUER KORL'S GOLCHENER HOF

Lust auf erholsame Tage

Inmitten der saftigen Wiesen und Wälder eines der schönsten Naturschutzgebiete Deutschlands ist der weitläufige Golchener Hof in Golchen der ideale Platz zum Durchatmen. Hier lässt sich gemeinsam mit lieben Menschen der Tag und ein erholsamer Urlaub verbringen – fernab von Stress und Hektik. Das Vier-Sterne-Bauernhofhotel lässt Kinderherzen höher schlagen, denn auf der großzügigen Hofanlage ist immer etwas los. Von Montag bis Samstag bietet das Anwesen für die Kinder individuell wechselnde Tagesangebote wie das Füttern der Hoftiere, Traktorfahrten, eine Bauernhof-Olympiade, Ponyreiten oder das Eiersammeln. Es wird tatkräftig beim Ausmisten der Ställe geholfen oder in der Holzwerkstatt gearbeitet. Gemeinsam mit der Familie kann sich jedes Kind, wenn es möchte, eine Hofaufgabe aussuchen, um die es sich während des Aufenthalts kümmert. Dabei hat jeder seinen Gewinn: Die Kinder lernen spielerisch, Verantwortung zu übernehmen, und die Gastgeber freuen sich über die Unterstützung. Natürlich ist es kein Muss, aber trotzdem eine tolle Sache, Hasenställe zu säubern oder den Hoftieren Wasser zu geben, die Blumen zu gießen oder Pferdeäpfel auf der Pony-Koppel einzusammeln oder, oder, oder – schließlich gibt es in einem ländlichen Betrieb immer viel zu tun. Wie es sich für einen richtigen Bauernhof gehört, leben hier Kühe, Schweine, Hühner sowie viele andere tierische Hofbewohner, die bestaunt, gestreichelt und gefüttert werden dürfen. Und obwohl bewusst auf eine Rund-um-die-Uhr-Betreuung für die Kinder verzichtet wird, denn Urlaubzeit ist ja vor allem Familienzeit, bleibt viel Freizeit für die Eltern.

Ihnen bietet der Wellnessbereich eine tolle Rückzugs- und Entspannungsmöglichkeit: In der Sauna, im Heubad oder bei einer Hot-Stone-Massage kann man einfach mal die Seele baumeln lassen. Der eingezäunte Teich bietet vor allem an heißen Tagen Abkühlung. Auch die Leckerbissen im Restaurant, zubereitet aus regionalen Lebensmitteln und Produkten der eigenen Herstellung, sind zu empfehlen. Produkte außerhalb der Saison oder solche, die lange Transportwege benötigen, sucht man auf der Speisekarte vergeblich. Ebenso kulturell hat der Golchener Hof einiges im Programm: Er bietet Raum für Konzerte und Comedy, Hochzeiten und Betriebsfeiern, Tagungen und Seminare. 2015 ist neben dem Heuhotel die soziale Betreuungseinrichtung für Jugendliche entstanden, ein Jahr später die erste Bauernhof-Kita in der Region, De Dörpkinner, und 2017 eine kleine Bauernhofkirche, die für Besucher und Gäste bei Trauungen und zur inneren Einkehr zur Verfügung steht. **www.golchenerhof.de**

> »ALL ZU SCHNELL VERGESSEN WIR IM ALLTAG, WIE WERTVOLL FAMILIE IST.«
>
> Bauer Korl's Golchener Hof

TIPPS & INFOS

FREIZEIT: In der nahen Umgebung lohnt sich ein Ausflug an die Ostsee, in den Schweriner Tierpark, zum Störwasserkanal oder zur Schleifmühle Schwerin. Ansonsten kann man auch vom Golchener Hof aus zu einer Paddel-, Quad-, Bootstour oder Kutschfahrt starten.

KULTUR: Ein Muss ist der Ausflug nach Schwerin, in die Landeshauptstadt mit ihren vielen Sehenswürdigkeiten wie dem Dom, dem Staatstheater, dem Alten Palais, dem Marstall und natürlich dem prachtvollen Schloss mit seinem Schloss- und Burggarten und der Orangerie.

INFO: **www.mvp.de**

Wer füttert mich heute?

14 DREISEITHOF SCHMADEBECK

Bauernhof mit eigenem Wald

In idyllischer Alleinlage schmiegt sich der Dreiseithof Schmadebeck bei Kröpelin in einen Wiesengrund am Wald, umgeben von Teichen und geschützt von Hügeln. Auf dem Hof mit Ponys, Gänsen, Ziegen und Hühnern sowie einem großen Obst- und Sträuchergarten herrscht nie Langeweile. Anfang des Jahres kehren die Störche zurück und beginnen mit dem Nestbau für ihre neue Familie. Ein Kranichpaar hat den Sumpf im Wäldchen hinter dem Hof bezogen und sucht Futter auf den umliegenden Wiesen. Bald werden die Vogelkinder da sein, und dann gibt es für alle Gäste viel zu beobachten. Oder die Kleinen helfen bei der Tierbetreuung oder sammeln die Eier der freilaufenden Hühner fürs Frühstück ein. Dann geht es zum Ponyreiten, zum Burgen- und Brückenbauen in die Buddelkiste, zum Angeln an den Teich, zum Wippen, Schaukeln oder Seilklettern. Wer noch nicht genug herumgetollt hat, verausgabt sich beim Federballspielen, Rollerfahren, beim Tischtennis und Radeln. Hier an der Küste gibt es für den Nachwuchs kein schlechtes Wetter: Eingepackt im Zwiebel-Look in Mütze, Gummistiefel, warmen Pullover und Regenjacke, passt er sich einfach dem Wetter an. Abends am Feuer beim Knüppelkuchenknabbern erzählen die Kinder dann, was sie alles entdeckt und erlebt haben. Von den modernen Ferienwohnungen mit gemütlichen Zimmern und ländlicher Küchenausstattung braucht man nur einen Schritt vor die Tür zu gehen, um mitten in der Natur zu stehen. Ein Erlebnis für die ganze Familie. **www.dreiseithof-schmadebeck.de**

Der Dreiseithof hat ein lateinisches Motto: porta patet, cor magis – die Tür steht offen, mehr noch das Herz! Ein Kuh-Kuss ist nur etwas für Unerschrockene.

TIPPS & INFOS

RAD/WANDERN: Vom Hof weg gibt es verschiedene Wald- und Feldwege zum Wandern und Radfahren, aber auch Rundwege für Jogger oder Nordic Walker. Eine schöne Waldwanderung über 8 km führt zum Dorf Westerbrügge.
NATUR: Die Ostsee ist mitten durch die hügelige Endmoränenlandschaft über Straßen und Wege in 14 km zu erreichen.
FREIZEIT: Es lohnen sich Besuche in Rerik, Kühlungsborn oder Bad Doberan. Die letztgenannte Stadt ist berühmt für ihr Zisterzienserkloster mit Münster, das über die weltweit größte erhaltene mittelalterliche Ausstattung einer Klosterkirche und die längste Klostermauer Deutschlands verfügt.
INFO: **www.ostsee.de**

15 MÜRITZ-HOF KNUST

Hof mit Selbstbedienung

Die Müritz zählt zu den schönsten Seen der Mecklenburgischen Seenplatte, die wiederum mit ihren über tausend Seen, Flüssen und Kanälen als größte zusammenhängende Seenlandschaft Mitteleuropas gilt. In direkter Nähe zur Müritz liegt in Sembzin der Müritz-Hof Knust. Mit seinen weitläufigen Acker- und Grünlandflächen und der Angus-Mutterkuhherde mit rund 50 Kühen eignet sich der Hof perfekt zum Erleben und Erholen. Speziell für die Kinder: Sie erfahren Bauernhofleben live und sind ständig unterwegs zwischen Pony, Esel, Hund, Katze, den Ziegen, Alpakas, Hühnern und den Kühen mit ihren Kälbern. Am Spielplatz mit Spielturm, dem großen Trampolin und den Tretfahrzeugen vergeht die Zeit wie im Flug. Spannend für die Kids sind auch die mobilen Ställe, in denen die Hühner artgerecht gehalten werden. Alle zehn Tage werden die Ställe an einen anderen Ort gefahren, damit die Hühner im Grünen ihren Auslauf haben. Die modernen Ferienwohnungen und das Ferienhaus sind komplett eingerichtet. Hofeigene und regionale Produkte gibt es rund um die Uhr vom Frischwarenautomaten direkt am Hof. Dazu kommen die Kartoffeln aus eigenem Anbau in den Sorten Gala und Ballerina sowie die alte Gourmetkartoffel Bamberger Hörnchen. Auch verschiedenste Frischei-Nudeln, selbstgemachte Marmeladen oder Salami und Pfefferbeißer von den hofeigenen Angusrindern füllen die Selbstbedienungs-Automaten. So ist der Aufenthalt im Müritz-Hof Knust auch kulinarisch ein Gewinn. **www.mueritzhof-knust.de**

TIPPS & INFOS

NATUR: Ganz in der Nähe liegt der Müritz-Nationalpark. Hier darf sich die Natur nach ihren eigenen Regeln entwickeln. Wälder, Seen und Moore bilden eine atemberaubende Kulisse. Dort kann man Kranich- und Fischadler beobachten oder an Naturführungen teilnehmen.

RAD/WANDERN: Ob nun ausgedehnte Wanderungen durch weite Moore oder Spaziergänge zu kleinen gemütlichen Waldseen, im Nationalpark lässt sich die Schönheit der Natur und ihre Vielfalt beim Wandern und Radfahren erleben.

FREIZEIT: Nicht weit entfernt befinden sich die MüritzTherme und das Fleesensee Spa, eine Sommerrodelbahn, der Affen- und Bärenwald, das Wisentgehege und ein Kletterwald.

INFO: **www.mueritzportal.de**

Zahlreiche Wanderungen und Fahrradrouten führen durch die Bentheimer Landschaft.

Wenn es ums Trekkersurfen geht, sind kleine und große Zwei- und Vierbeiner zur Stelle.

16 LANDFERIENHOF GARBERT

Unvergessliche Tage in der Heidelandschaft

In Wilsum, nahe der niederländischen Grenze in der Grafschaft Bentheim, kann man sich einfach mal Zeit nehmen, um zu entspannen, Ruhe zu tanken und kleine Abenteuer zu erleben. In traumhafter Alleinlage inmitten von Wiesen und Wäldern erstreckt sich der Landferienhof Garbert direkt am Fertenbach. Das parkähnliche Hofgelände dehnt sich über eine Fläche von mehr als 10 000 Quadratmetern. Hier kann man die Ruhe förmlich hören und tief durchatmen – während die Kleinen den Hof und die nähere Umgebung erkunden. Denn es gibt wirklich viel zu entdecken und auszuprobieren, wie zum Beispiel mit den Ziegen im Gehege auf Baumstämme zu klettern, den Hühnern die frischgelegten Eier aus dem Nest zu stibitzen, die Ponys zu striegeln und dann natürlich auch zu reiten, Löwenzahn für die Kaninchen zu suchen, der Labradorhündin Ronja den Bauch zu kraulen, mit den Schweinen um die Wette zu rennen, beim Nachbarn frische Milch zu holen oder – wenn man Glück hat – ein neugeborenes Kälbchen bei seinen ersten Schritten zu beobachten. Außerdem gibt es den Heuboden, ein idealer Platz zum Toben und Höhlenbauen, oder die Empore in der Spielscheune, auf der man aus Riesenbausteinen neue Häuser errichtet. Auf großen Spielfeldern kann man »Mensch ärgere dich nicht« und Schach spielen oder mit Kettcars, Balancebikes, Trettreckern, Bobby-Cars und deren Anhängern über den Hof düsen. Viel Spaß macht die Treckerfahrt, bei der es mit einem Anhänger durch den Wald geht. Sie wird nur übertroffen vom Treckersurfen. Dabei »surft« man auf einer Plane hinter dem Trecker über die Wiese – ein Heidenspaß! Aber das ist natürlich noch nicht alles. In Onkel Bernds Backhuis mit eigenem Holzofen geht es in die Erlebnisbäckerei. Dort helfen die Kleinen beim Backen von Holzofenbrot und Brötchen, und die Großen bieten viel Fantasie auf, um die leckerste Pizza zu belegen. Im Holzbackofen werden aber auch Flammkuchen, Backschinken oder ein ganzes Spanferkel zubereitet. Das alles wird dann bei einem gemütlichen Grillabend verspeist. Zur Zeit der Heideblüte, von Anfang August bis in den September, sollte man sich unbedingt am Hof ein Fahrrad ausleihen und die umliegende Heidelandschaft genießen. Ob gemeinsames Toben und Spielen auf dem Hof oder Ausflüge in die Umgebung – auf dem Landferienhof Garbert ist für jeden etwas dabei. **www.ferienhof.com/de**

»RUHE, DIE MAN HÖREN KANN!«

TIPPS & INFOS

FREIZEIT: Viele interessante Ausflugsmöglichkeiten hält die nähere Umgebung bereit. So kann man den Familienzoo im Grünen, den Freizeitpark Slagharen für Wild-West-Abenteuer oder Hellendoorn mit seinen Shows in den Niederlanden besuchen. Baden kann man in den Wilsumer Bergen im Naturbadesee mit Sandstrand oder im Waldbad Uelsen.
RAD/WANDERN: Der Bernsteiner Sandsteinweg oder der Erlebnispfad Hutewald eignen sich hervorragend für schöne Wanderungen. Wer lieber mit dem Fahrrad unterwegs ist, kann sich einzelne Fietsentouren auswählen, die meistens auch eine kleine Reise in die Heimatgeschichte beinhalten.
INFO: **www.grafschaft-bentheim-tourismus.de**

Wohltaten fürs Auge und für die Nase aus dem Bauerngarten

17 FERIENHOF KNOOP Der Kneipp-Hof

Die Lüneburger Heide bildet mit den größten zusammenhängenden Heideflächen Mitteleuropas eine einzigartige Naturlandschaft. Besonders, wenn im August und September die Heide blüht, zeigt die Landschaft ihren ganzen Charme: Das kräftige Lila von vielen Millionen Blüten der Besenheide kontrastiert mit dem satten Grün der Wacholder und Kiefern und dem silbrigen Weiß der Birken. Am Südrand der Lüneburger Heide wachsen Altes und Neues lebendig zusammen und geben dem Ferienhof Knoop in Celle das besondere Ambiente. 155 Milchkühe und Rinder, 300 Hektar Ackerland für Graugerste, Futtermais und Winterroggen sowie 100 Hektar Grünland gehören zum Anwesen. Groß und Klein sind eingeladen, in das Leben des Vollertragsbauernhofs einzutauchen und beim Füttern und Melken, bei der Bestellung und Bewirtschaftung der Ackerflächen und bei der Ernte mitzuhelfen. Hier kann man seinen Wissensdurst stillen und mehr erfahren über die vielen Vorgänge, dank denen die Landwirtschaft die Ernährung sichert und bereichert. Oder man lässt sich den Prozess der Biogasanlage erklären, die am Hof zum Einsatz kommt. Falls die Kleinen keine Lust dazu haben, besuchen sie einfach den Stall, das Hühnermobil, die Ziegen Lili und Lola, den Streichelzoo mit Kaninchen, Ponys, Meerschweinchen und Enten, oder sie toben sich im Heu aus, fahren auf dem Traktor mit und genießen das Ponyreiten. Derweil können die Großen die Zeit nutzen, um auf dem Hof mehr über Sebastian Kneipp und seine wohltuenden Anwendungen zu erfahren. **www.ferienhof-knoop.de**

TIPPS & INFOS

FREIZEIT: In der Umgebung gibt es vielfältige Freizeitmöglichkeiten wie den Filmtierpark Eschede, den Serengeti-Park Hodenhagen oder den Heidepark Soltau.

KULTUR: Mit über 490 originalgetreu restaurierten Fachwerkhäusern stellt Celle an der Aller das größte geschlossene Fachwerkensemble Europas dar und zählt zu einer der schönsten Residenzstädte Deutschlands. Auch Bauhaus-Architektur, das Celler Schloss oder das 24-Stunden-Kunstmuseum sind lohnende Ziele.

WANDERN: Jeden Tag eine andere Wanderung? Das ist kein Problem mit den vielen Rundwanderwegen in der Lüneburger Heide, viele eignen sich perfekt für Tagestouren.

INFO: **www.lueneburger-heide.de**

Die einzigartige Kulturlandschaft Lüneburger Heide ist zu jeder Jahreszeit eine Reise wert.

18 TÖDTER'S IMMENHOF

Zeit für unbeschwerte Spiele

Der kinderfreundliche und tierreiche Immenhof liegt am Rand des Naturschutzgebietes Lüneburger Heide in Schneverdingen. Der Hof ist von Wald umgeben, und man kann die Natur hier täglich hautnah erleben. Mit seinen Hühnern, Schweinen, den Entenkindern und ihren Eltern Schnatterinchen und Fridolin, mit Heidschnucken, Gänsen, den Katzen Zorro, Punker, Mohrle, Zillibuth und Tiger, den Zwergziegen Scotty und Meckerle, der Schäferhündin Mira und dem Norwegerpferd Otto gibt es für die Kleinen immer etwas zu erleben. Auch Freizeit- und Sportmöglichkeiten stehen auf dem Hof in reicher Auswahl zur Verfügung. Zum Entspannen lädt eine große Liegewiese hinter dem Gästehaus mit Liegestühlen ein. Am Pavillon kann man die Ruhe genießen oder sich zum Grillen verabreden. Auf dem Spielplatz mit Baumhaus, Trettreckern, Kettcars, Tischtennis und Federball können die Kids sich nach Herzenslust austoben. Bei schlechtem Wetter vertreiben sich die Sprösslinge mit Spielen, Mal- und Lesebüchern und Legobauen die Zeit. Wer will, hilft bei einem Ernteeinsatz mit, denn auf den Äckern rund um den Hof werden Roggen, Weizen, Hafer und Gerste angebaut. Die hofeigenen Produkte, wie zum Beispiel Gemüse, Eier, Marmelade, Honig, Wurst, kleine Geschenkideen und einiges mehr bietet das Hoflädchen an. Die gemütlichen Ferienwohnungen sind mit allem ausgestattet, was für einen erholsamen Urlaub wichtig ist. **www.toedters-immenhof.de**

TIPPS & INFOS

FREIZEIT: Im Greifvogelgehege Bispingen erleben Vogelfreunde einen unvergleichlichen Nachmittag. Auch das Spielzeugmuseum in Soltau und die Kart-Bahn in Bispingen sind lohnende Ausflugsziele der Umgebung. Wasserratten kommen im Quellenbad in Schneverdingen oder in der Therme Soltau auf ihre Kosten. Ansonsten empfiehlt es sich, eine der größten Sonnenuhren Deutschlands am Höpen oder das Pult- und Federkielmuseum Schneverdingen zu besuchen.

KULTUR: Falls man eine echte Königin sehen möchte: Am letzten Wochenende im August findet das traditionelle Heideblütenfest mit der Krönung der Heidekönigin in Schneverdingen statt. Die Krönung markiert den Höhepunkt des Heideblütenfestes.

INFO: **www.lueneburger-heideland.de**

Barfuß rein ins Vergnügen

»AM ENDE EINES TAGES SOLLEN DEINE FÜßE DRECKIG, DEIN HAAR ZERZAUST UND DEINE AUGEN LEUCHTEND SEIN.«

Hubertushof

19 HUBERTUSHOF

Der Bilderbuchbauernhof

Das Motto des Hubertushofs in Eslohe-Wenholthausen ist Programm: »Am Ende eines Tages sollen deine Füße dreckig, dein Haar zerzaust und deine Augen leuchtend sein.« Der Hof liegt inmitten von Wäldern und der wunderschönen Landschaft des Sauerlands. Zwei große Gebäude, die ca. 600 Meter auseinanderliegen, bilden das Hofensemble. Der Bauernhof bietet Groß und Klein, jungen Familien oder Großeltern mit ihren Enkelkindern einen erholsamen und erlebnisreichen Urlaub. Viele schöne Plätzchen laden zum Verweilen ein, entweder in der Sonne oder unter Schatten spendenden Bäumen. So auch im rustikalen Bauerngarten, dort kann man entspannen, die Seele baumeln lassen und dem bunten Treiben auf dem Hof zuschauen. Die Kleinen aber erwartet ein Bilderbuchbauernhof! Über Besuch freuen sich Islandpferde, Esel, Kühe, Kälber, Schweine, Kaninchen, Hühner, Gänse, Enten, Ziegen, Schafe, Katzen und Hunde, und natürlich kann man auch auf den Pferden reiten. Aber es gibt noch so viel mehr: So müssen von Frühjahr bis Herbst die Kühe vor dem Melken erstmal von der Weide in den Stall getrieben werden, dabei ist Mithilfe natürlich immer gefragt. An Wochentagen fahren die Kids selbstverständlich zu den abendlichen Melkzeiten mit dem Planwagen zum Kuhstall und zur Melkanlage. Bauer Hubertus beantwortet dabei gern alle Fragen, und die Kinder können auch selber melken oder füttern, bei der Butterherstellung zuschauen oder ihr Hubertushof-Diplom machen. Hinter dem Haus wartet ein schöner Spielplatz auf die kleinen Gäste, es gibt ein Baumhaus und einen Indoor-Bereich mit Kicker und Tischtennis. Auf dem Heuboden lässt es sich herrlich toben oder Stroh- und Heukunstwerke basteln. Auch die Kinderdisco auf dem Heuboden kommt bei den Kids immer gut an. Denn getreu seinem Motto bietet der Hof zudem Rundfahrten mit dem Planwagen und abendliche Fackelwanderungen nach dem gemeinsamen Grillen und Stockbrotbacken an. Eine Sauna und eine Kegelbahn sorgen bei den größeren Gästen für Unterhaltung. Seit einigen Jahren ist der Hubertushof auch ein beliebtes Ziel für Schulausflüge, Lebenshilfe-Gruppen und Menschen mit körperlichen oder geistigen Einschränkungen, da sie hier einen erholsamen Ausgleich von ihrem Alltag bekommen. Auf dem Hubertushof möchte man ein Zeichen setzen und alle Menschen ganz individuell und gleichwertig in die vielfältigen Aktionen einbinden – auch das ist ein sehr lehrreicher Aspekt dieses Bauernhofurlaubs. **www.bilderbuchbauernhof.com**

TIPPS & INFOS

FREIZEIT: In der näheren und etwas weiteren Umgebung gibt es viel zu entdecken: ob in den Tropfsteinhöhlen Warstein oder Attendorn, im Fort Fun Abenteuerland in Bestwig, in der Dechenhöhle Iserlohn oder beim Baden bzw. Bootfahren auf dem Henne- oder Sorpesee.

GEHEIM: Ein echter Geheimtipp in der Ferienwelt Eslohe ist der Esmecke-Stausee in Wenholthausen, auch Einbergsee genannt. Umgeben von Wald mit großer Liegewiese, lässt es sich an dem kleinen Badesee herrlich entspannen. Die abgeteilte Badebucht ist gut zugänglich, und das Wasser des Sees erwärmt sich im Sommer rasch.

INFO: **www.sauerland.com**

Auch der kleinste Gartenteich steckt voller Tierleben.

20 FERIENHOF MEYER

Für jeden ist etwas dabei

Die Landschaftsformen der Mittelweser-Region sind vielfältig. Sie bietet weite Geestflächen mit Wäldern und Feldern sowie ausgedehnte Moor- und Heidegebiete. Die Moore werden dort abgetorft und wieder vernässt, und durch Auskiesungen entstehen Seenlandschaften. Man findet ruhige und naturnahe Ecken, die ideal zum Aufatmen sind – gleichzeitig lässt sich die besondere Flora und Fauna beobachten. Mitten im Weserland liegt der Ferienhof Meyer bei Petershagen. Die ehemalige Bischofstadt mit dem Luftkurort Bad Hopfenberg zieht sich beidseitig entlang der Weser, die sich durch grüne Auen und ländliche Idylle mit alten Fachwerkhäusern schlängelt. Auf dem Ferienhof Meyer wird man den Alltagstrubel schnell vergessen und sich eine wirkliche Auszeit auf dem Land gönnen können. Die Kleinen schauen bei den Kaninchen, Hühnern, Meerschweinchen, dem Esel und den Ponys vorbei und streicheln sie – natürlich können die Kids auch auf den Ponys reiten. Neben dem Spielplatz mit Rutsche, Schaukel, Sandkasten, Wippe, Kettcars und einem kleinen Fußballplatz sorgen das Riesentrampolin und die Reifenschaukel für Schwung. Bei all den Aktivitäten sollte aber auch Zeit für Entspannung sein. Dafür gibt es auf dem einfachen Hof Sitzgelegenheiten und einen Grillplatz mit Essecke. Falls das Wetter einmal zu wünschen übriglässt, stehen in der Spielhütte viele Brettspiele zur Verfügung. Neben den Ferienwohnungen gibt es auch kleinere Apartments oder Gästezimmer, einige davon sind behindertengerecht ausgestattet. **www.ferienhofmeyer.de**

Spiel, Spaß und Auszeit vom Alltagstrubel erwarten die Gäste des Grieshofs.

TIPPS & INFOS

FREIZEIT: In Minden kann man sich auf die Spuren der Preußen begeben, beispielsweise im LWL-Preußenmuseum. Oder man besucht den Ausflugspark Potts Park, das Freilichtmuseum Dinosaurierpark in Münchehagen oder das Besucherbergwerk und Museum in Porta Westfalica.

KULTUR: Porta Westfalica bietet kaiserliche Panoramen für jeden Geschmack: Ob vom weithin sichtbaren Kaiser-Wilhelm-Denkmal oder vom Fernsehturm, ob auf der Freilichtbühne Porta oder von der Sandsteinklippe Porta-Kanzel.

NATUR: Bei der Fahrt durchs schöne Schaumburger Land lohnt es, immer wieder den Blick nach oben und auf die Felder zu richten, um die vielen Störche zu beobachten.

INFO: **www.mittelweser-tourismus.de**

21 GRIESHOF

Erholung garantiert

Im Vorderen Hunsrück mit seiner herrlichen, wald- und wasserreichen Natur, nicht weit von Rhein und Mosel entfernt und umgeben von Äckern, Wiesen und Wäldern, liegt in Beulich der Grieshof. Der Hof bildet das perfekte Basislager für einen spannenden und erholsamen Bauernhofurlaub, denn beim Beobachten, Riechen, Fühlen und Anpacken gibt es hier viel zu erleben. Auf dem Grieshof bekommen die kleinen und großen Gäste einen Einblick in den Bauernhofalltag mit zahlreichen Tieren, und sie erfahren allerhand Wissenswertes rund um die Landwirtschaft. Aber auch sonst ist hier immer was los – denn: Langeweile? Das gibt es hier nicht! In der Früh geht es mit Bauer Christoph zum Füttern der

Ziegen, Hasen, Schafe, Schweine, Hühner und des Damwilds raus. Bevor es zum Ponyreiten oder den Ponywanderungen oder zum Eselreiten geht, werden sie gründlich geputzt. Auch das Ausmisten steht an. Danach kann man mit der Berner Sennenhündin Ally spazieren gehen oder mit den Hofkatzen schmusen. Zum Ausruhen empfiehlt sich ein Nickerchen in der Hängematte, aber das dauert meist nicht lange, denn ein Bobby-Car- oder Trettraktoren-Wettrennen ist natürlich viel spannender. Mit Fußball, Basketball, Tischtennis, Kicker oder Beach-Volleyball vergeht der Nachmittag wie im Flug. Die Kleinen spielen derweil im Sandkasten, während sich die Größeren auf dem Riesentrampolin und mit den Gokarts austoben. Wer Lust hat, probiert auch mal das Bogenschießen unter den fachkundigen Augen eines Übungsleiters. Man sagt der Konzentrationsübung nach, sie mache glücklich und sei gut für Kopf und Rücken, aber auch für Herz und Seele. Wem das noch nicht reicht, der kann mit Bauer Oswald auf dem Traktor zu seinen Kühen fahren. Gegen den kleinen und großen Hunger gibt es tagsüber ein Picknick mit Kaffee und Kuchen. Später am Abend steht das gemeinsame Grillen oder Stockbrotrösten am Lagerfeuer des großen Grillplatzes auf dem Programm. Falls es regnet, ist auch das kein Problem. Dann treffen sich die Kids im Spielhaus »Rappelkiste« mit Kletterwand, Kasperletheater und Kinderhoflädchen, Holzbauernhof, Legotisch, Brio-Holzeisenbahn und Brettspielen. Das Hofkino zeigt Filme. Einmal die Woche findet eine gemeinsame Wanderung durch die nahegelegene Baybach- oder die Ehrbachklamm mit ihren Brücken, Felsen und Wasserfällen statt. Dabei erfährt man interessante Dinge über die Artenvielfalt in den umliegenden Wäldern – Bauerhofurlaub ohne Hektik in einer einmaligen Landschaft. **www.grieshof.de**

TIPPS & INFOS

KULTUR: Die Geschichte des Hunsrücks spiegelt sich auf eindrucksvolle Weise in den Burgen und Museen der Region wider wie auf den Burgen Balduinseck und Kastellaun oder im Hunsrück-Museum Simmern.

FREIZEIT: Wer Abenteuer sucht, findet es am Calmont-Klettersteig auf Europas steilstem Weinberg. Der Weg führt über Leitern an markanten Felsspornen vorbei.

RAD/WANDERN: Radfahren, Mountainbiken oder Skaten ist auf dem gut ausgebauten Radwegenetz des Vorderen Hunsrücks möglich. Der Saar-Hunsrück-Steig bietet zudem insgesamt 410 abwechslungsreiche Wanderkilometer.

INFO: **www.hunsruecktouristik.de**

Die Gastwirtsfamilie Laub ist offen für neue Gäste – und auch das Vieh schaut schon neugierig.

Unkonventionelle Unterkunft – im Urlaubswagen

22 UR LAUB'S HOF

Eine Oase der Ruhe

Das Saarland gehört zu den sonnenreichsten Regionen Deutschlands. Schon früh im Jahr und bis weit in den Herbst hinein wird deshalb die meiste Zeit im Freien verbracht. Mehr als zehn Prozent der Landesfläche entsprechen den Natura-2000-Kriterien der EU für biologische Vielfalt, d. h. sie bilden ein zusammenhängendes Netz von Schutzgebieten. In Sankt Wendel liegt in herrlicher Alleinlage umgeben von schöner Natur mit unendlich viel Platz zum Spielen, Toben und Entdecken der Ur Laub's Hof. Die Landwirtschaft des vollbewirtschafteten Bauernhofs der Familie Laub orientiert sich am Rhythmus der Jahreszeiten. Die Gäste erfahren von Bauer Klaus viel Wissenswertes über alle anstehenden Arbeiten im Jahresverlauf. Aber der Spaß wird auf dem Ur Laub's Hof großgeschrieben: ob im Kinder-Fuhrpark, im Pool und auf dem weitläufigen Spielplatz mit Seilbahn, ob bei Waldführungen mit dem Jäger während der Sommersaison, auf Nachtwanderungen, auf Rundfahrten im Planwagen oder bei gemütlichen Grillabenden. Kühe, Pferde, Hühner und Hasen freuen sich über Streicheleinheiten und Bauer Klaus über Hilfe beim Füttern. Denn von März bis Oktober sind fast alle Tiere auf den Weiden rund um den Hof anzutreffen. Zweimal täglich kommen die Kühe zum Melken in den Stall, und zur gleichen Zeit werden die Kälbchen gefüttert. Vielleicht hat man Glück und ist bei einer Kälbergeburt dabei. Die Kinder dürfen die frischen Eier aus dem Hühnergehege holen, und das geführte Ponyreiten auf den Ponys Max und Moritz ist für alle Sprösslinge inklusive. **www.urlaubshof-saarland.de**

»FÜR VIELE GÄSTE EIN NEUES ERLEBNIS – LANDWIRTSCHAFT IM RHYTHMUS DER JAHRESZEITEN«

TIPPS & INFOS

FREIZEIT: In der Nähe liegen der Wolfspark in Merzig, das UNESCO-Weltkulturerbe Völklinger Hütte und der Keltenring Otzenhausen.

GENUSS: Durch die Nachbarschaft zu Frankreich erreicht das Saarland eine hohe Dichte an Sterneköchen, das passt zum Motto der Saarländer: »Hauptsach' gudd gess!« Dieser Leitspruch schließt den Genuss von Schwenker und Lyoner unbedingt ein.

KULTUR: Der Blick auf die Saarschleife ist für viele Besucher unvergesslich. Vom Aussichtspunkt Cloef oder vom Baumwipfelpfad aus lässt sich das atemberaubende Naturwunder am besten betrachten. Oder man schaut sich die Saarschleife vom Fluss oder dem Ufer aus an.

INFO: **www.saarland.de**

23 GUT SOMMEREICHEN

Der Getreidehof für feinstes Mehl

Zwischen Feldern und Wiesen, umgeben von uralten Eichen, befindet sich in Gaußig unweit von Bautzen in der Oberlausitz das Gut Sommereichen. Die Familie Busch bestellt ihre Felder mit verschiedenen Getreidearten wie Roggen, Gerste, Emmer, Dinkel und Weizen sowie Raps, Futtererbsen und Senf. Ein Teil der Ernte wandert in die Rätze-Mühle in Spittwitz und wird dort zu feinem Mehl gemahlen. Aus dem Mehl entstehen an den Hof-Backtagen deftige Brote, feine Kuchen oder leckere Pizzen. Auch Stockbrot wird regelmäßig auf dem Grillplatz am Teich oder in der Brutzelstube Eulennest gebacken.

Für die Kleinen gibt es allerhand zu erleben! Der große Teich ist ideal zum Baden und Bootfahren, und auf dem Spielplatz toben sich die Kids im Sandkasten, auf dem Trampolin, den Rutschbahnen und im Spielhäuschen aus. Das ganze Hofgelände kann mit Kinderfahrzeugen erkundet werden, und natürlich beanspruchen auch die Tiere auf dem Hof viel Aufmerksamkeit. Die Pferde warten auf einen Ausritt oder stehen zu einer Hippolino-Reitstunde bereit. Im Bauerngarten mit Kräutern, Gemüse und Blumen lernt man viel über die Natur. Wer kreativ werden möchte, kann Heutiere, Gräserkränze oder Erntekronen anfertigen und dabei verschiedene Materialien wie Salzteig, Pappmaschee, Speckstein, geschöpftes Papier oder Grünholz ver- und bearbeiten. Oder man schaut dem Gaußiger Töpfer über die Schulter und versucht es gleich selbst. **www.gut-sommereichen.de**

TIPPS & INFOS

KULTUR: Von hier bieten sich interessante Ausflugsziele wie Bautzen, Dresden oder Zittau an.

FREIZEIT: Abwechslung versprechen der Saurierpark Kleinwelka und der Freizeit- und Erlebnispark Kulturinsel Einsiedel in Neißeaue mit vielschichtigen interaktiven Erlebnisangeboten.

NATUR: Wer Lust hat, vielfältige Landschaften zu erkunden, kommt in der Sächsischen Schweiz oder an den Seen der Oberlausitz auf seine Kosten.

WANDERN: Der Oberlausitzer Bergweg bietet Wandergenuss inmitten wildromantischer Natur. Weite Ausblicke von Berggipfeln wechseln sich mit idyllischen Tälern ab.

INFO: **www.oberlausitz.com**

Landwirtschaft, beseelt von der Liebe zur Natur – das gilt für Gut Sommereichen mit seinen Störchen wie für den Ferienhof Radlandsichten.

24 FERIENHOF RADLANDSICHTEN

Ferien für kleine Abenteurer

Fernab vom Lärm der Städte, ohne öffentliche Straße im Umkreis von einem Kilometer, nur umgeben von Hecken und Feldern – so lauten die Standortvorteile des Ferienhofs Radlandsichten bei Bad Malente. Das verheißt Idylle pur abseits vom Alltagstrubel. Hier lässt sich ein klimaneutraler Urlaub verbringen, denn Radlandsichten erzeugt warmes Wasser und Wärme mit gehäckseltem Holz und hat auch in der Landwirtschaft bereits ein Zertifikat für umweltverträgliche Bewirtschaftung erhalten. Dennoch versucht der Ferienhof, sich ständig weiter zu verbessern und arbeitet mit Studenten und Doktoranden der Kieler Christian-Albrechts-Universität an verschiedenen hydrologischen Projekten. Für die Gäste von Radlandsichten stehen natürlich Erlebnis, Erholung, Sport und Spaß im Mittelpunkt. Die Kinder toben auf dem Abenteuerspielplatz mit Hüpfburg, fahren mit Kettcars, laufen zum Angelteich und sitzen dort auf dem Steg, sie »bewohnen« das Baumhaus, spielen Fußball oder besuchen und füttern die Schweinchen, Ziegen und Hühner. Mit Bille, Jimmi und Püppi, den Shetland-Ponys, und Marni, Stella und Caipi, den Haflinger-Ponys, können die Kids geführte Ausritte unternehmen oder – wenn man schon Erfahrung hat – in Begleitung ausreiten. Ansonsten liegen auch Schläger und Bälle bereit, um Drei Hölzer, Federball oder Tischtennis zu spielen. Und wenn es mal regnet? Kein Problem, dann amüsieren sich die Kleinen auf dem großen Dachboden im Stroh und auf dem Trampolin. Aber auch für die Großen ist einiges geboten! Der Nordic-Walking-Parcours startet mit vier verschiedenen Routen direkt am Hof, Radtouren führen in alle Richtungen, oder man probiert das Klettern oder Bogenschießen aus. Zudem lädt der große Garten mit seinen Liegestühlen zum Faulenzen ein. Dabei lässt man sich mit Selbstgebackenem und den Kaffee-Spezialitäten vom Hof verwöhnen. Wer hautnah erleben möchte, wie Stroh und Heu riechen, wie Rinder oder die Schweinchen lauthals schmatzen oder wie eigentlich die Frucht aus den gelben Rapsblüten aussieht, der kann beim Füttern, Ausstreuen der Ställe oder bei der Getreideernte im Sommer helfen. Natürlich ist auch das Mitfahren auf dem Traktor möglich. Bei der Feldarbeit erfährt man viel Wissenswertes vom Bauer. Im Hofladen gibt es diverse Leckereien wie eigene Kreationen von Fruchtaufstrichen, Honig, verschiedene Wurstwaren und selbst destillierte Liköre. Nur der Wein kommt aus dem Badischen. **www.radlandsichten.de**

TIPPS & INFOS

FREIZEIT: Praktisch um die Ecke befindet sich der Hochseilgarten Malente, der für seine Events und Erlebnispädagogik bekannt ist. In der näheren Umgebung kann man den Hansa-Park in Sierksdorf mit seiner einzigartigen Kombination aus Themenpark und Ostseestrand besuchen.

KULTUR: Das Schleswig-Holstein Musik Festival in Lübeck, eines der größten klassischen Musikfestivals Europas, gehört zu einem der kulturellen Highlights in der Region und ist einen Besuch wert. Und während der Karl-May-Spiele in Bad Segeberg kann man sich in den Wilden Westen zu Winnetou und Old Shatterhand träumen. Spannung, Stunts und Feuerzauber sind feste Bestandteile der Freilichttheaterstücke.

INFO: **www.malente.de**

In der Holsteinischen Schweiz finden sich reichlich Seen für Wasserspiele.

25 HOF NEVERSFELDE

Freiheit auf der Gänseblümchenwiese

Klare Seen, sanfte Hügel und weite Wiesen, das ist die Holsteinische Schweiz. Tief durchatmen und die frische Luft dieser seen- und waldreichen Region aufnehmen und entspannen – so funktioniert Erholung. Zur Entspannung gehört aber auch, etwas vollkommen anderes zu machen als sonst. Das ist auf dem Hof Neversfelde in Bad Malente problemlos möglich. Hier fühlt man sich unbeschwert auf der Gänseblümchenwiese, erlebt Tiere hautnah, galoppiert übers Feld und verbringt Mondscheinnächte am Grillfeuer, Familienstunden, Mußestunden und Glücksmomente! Am besten lässt sich das weitläufige Hofgelände mit Gokarts, Fahrrädern, Bobby-Cars und dem Bollerwagen erkunden. Dabei bewegen sich die Kinder zwischen der Spielscheune und dem Spielplatz im großen Garten mit Rutschenturm, Schaukel und vielem mehr. Rinder, Ziegen, Schafe und Federvieh freuen sich über frisches Futter. Die Katzen, Kaninchen und Ziegen lassen sich gern streicheln, die vier Haflinger und zwei Shetland-Ponys tragen geduldig kleine und größere Reiter. Wer Lust hat, hilft beim Ausmisten der Pferdeställe, bei der Heuernte oder begleitet Bauer Lenz bei einer Traktorfahrt. Der Aufenthaltsraum mit Holzofen lädt zu gemütlichen Abenden am knisternden Feuer in netter Gesellschaft ein. Ein besonderer Leckerbissen ist das Sauerteigbrot aus dem Lehmbackofen. Am Lagerfeuer wird sogar das Stockbrot, bestrichen mit Kräuterbutter, zur Köstlichkeit. Die Kinder fiebern meist dem Pizzatag entgegen. Auf Hof Neversfelde findet man Natur pur, mit Gras zwischen den Zehen und fröhlichem Kinderlachen. **www.hofneversfelde.de**

TIPPS & INFOS

FREIZEIT: Das Kneipp-Heilbad Bad Malente-Gremsmühlen liegt als Ausgangspunkt für Wanderungen, Waldbaden oder Führungen im Malenter Kurpark ganz in der Nähe. Im Naturpark Holsteinische Schweiz verstecken sich mehr als 150 kleine und große Seen, die zu Kanutouren, Ausflugsfahrten, zum Segeln oder zu Badeausflügen einladen.
RAD/WANDERN: Auch mit dem Fahrrad lohnt sich eine Erkundungstour auf den romantischen Wegen des Naturparks, denn gut ausgebaute Routen garantieren Radlspaß für die ganze Familie. Oder man nutzt die beschilderten Rundwander- und Spazierwege zu den schönsten Biotopen und Sehenswürdigkeiten des Naturparks.
INFO: **www.naturpark-holsteinische-schweiz.de**

vacumax

Entspannte Tage unter Birken verheißt der Urlaub auf dem Wisch-Hof.

26 WISCH-HOF Im Herzen der Probstei

Das Wort »Wisch«, gesprochen mit langem »i«, kommt aus dem Plattdeutschen und bedeutet »Wiese für Tiere«. Der Name könnte nicht besser gewählt sein, denn rund um den Wisch-Hof in Krokau tummeln sich auf saftigen Wiesen Hühner, Gänse, Schafe und die zwei Ponys Baltica und Cassandra. Aber es gibt noch viel mehr Tiere auf dem Hof, manche sind fleißige Mitarbeiter, andere wiederum genießen ein faules Leben – aber alle freuen sich über Abwechslung. Da sind Mast- und die beiden Hängebauchschweine Piggeldi und Frederik, das Kaninchen Elsa, das Meerschweinchen Mogli und die Katze Pummelblitz. Und während die Kids unterwegs sind, genießen die Großen die wohltuende Ruhe an vielen lauschigen Ecken am Hof, beispielsweise im Apfelgarten. Hier wachsen nicht nur Äpfel, sondern eine Vielzahl verschiedener Früchte – zu Sommerbeginn die ersten Johannisbeeren und Frühäpfel, dann Zwetschgen und Birnen, bis im späten Herbst die letzten Äpfel und Walnüsse reifen. Die Kinder finden im Garten eine Reihe von Spielgeräten vor. In manchen Jahren laufen im Frühsommer Gänseküken im geschützten Apfelgarten herum, bevor sie später auf die große Wiese umziehen. Die komfortablen Ferienwohnungen im Wisch-Hof wurden teilweise frisch renoviert. Aus den großen Fenstern einiger Zimmer sieht man direkt auf Kaninchen und Meerschweinchen im Garten. Der Hof geht übrigens urkundlich auf das Jahr 1578 zurück. Die Gastgeberfamilie Krohn lebt und arbeitet seit vielen Generationen hier und liebt, was sie tut. Das spürt man! **www.wisch-hof.de**

TIPPS & INFOS

FREIZEIT: Egal, ob Regen, Sonne oder Wind – der Strand ist immer einen Ausflug wert! Der Strandabschnitt Heidkate mit seinem feinen hellen Sand lässt sich vom Hof bei zügiger Fahrt per Rad in zehn Minuten erreichen. Interessant auch die Windmühlen – sie setzen in der Probstei, dem Landstrich nördlich von Kiel, markante Zeichen. Im Technischen Museum Laboe kann man das U-Boot U-995 besichtigen und schaut dann am besten auch gleich im Probstei-Museum vorbei.

KULTUR: Wer im Sommer anreist, sollte die Probsteier Korntage besuchen. Eindrucksvolle Strohfiguren, geschaffen von kreativen Einwohnern der Probsteier Dörfer, zieren dann die Straßen, Wege und Dorfanger.

INFO: **www.schoenbergerstrand.com**

Schnell – wir dürfen wieder im Stall mithelfen!

27 BURGBAUERNHOF KATZENSTEIN

Wo Kinderträume wahr werden

In Thüringen an einem Berghang westlich von Kaltennordheim, unmittelbar an der Grenze zu Hessen, liegt Andenhausen. Seine Hanglage im schmalen Talgrund vor dem Laubwald des Horbels macht den eigenwilligen Reiz des Dörfchens im Biosphärenreservat Rhön aus. Auf dem Burgbauernhof Katzenstein sind Internet und Handy schnell vergessen, denn hier ist Abwechslung Trumpf. Im Fachwerkhof stehen in den warmen Monaten die Ponys Kleiner Donner und Sherdan und mähen den Rasen. Beide können von den Kindern gestriegelt und auf dem Wiesenweg zum Grasen geführt werden. Während die Miniponys futtern, sammeln die Ponyführer Löwenzahn für die Hasen und Meerschweinchen. Alle Kleintiere freuen sich über einen Besuch. Wer will, kann ihre Pflege und Fütterung eigenverantwortlich übernehmen – natürlich nach Absprache. Bei Wandertouren begleiten einen bei Bedarf Jumper oder Black, die beiden Hofhunde, so macht's den Sprösslingen vielleicht noch mehr Freude. Bei schlechtem Wetter bietet die große Galerie Platz zum Spielen. Im Winter zählt die Schlittentour mit Kleiner Donner über den Wirtschaftsweg zu den Highlights.

Aber auch die großen Gäste haben ihren Spaß: Technik-Liebhaber können eine idyllische Tour auf einem Oldi-Traktor in die Umgebung unternehmen oder sich in der Sauna, bei einer Massage oder der Hand- oder Fußpflege verwöhnen lassen. Der Hofladen verkauft alles, was das Herz begehrt. Die wunderschönen und teilweise luxuriös ausgestatteten Ferienwohnungen kann man auch mit Verpflegung buchen. **www.burgbauernhof-katzenstein.de**

TIPPS & INFOS

FREIZEIT: Die Wasserkuppe, das Kloster Kreuzberg in Bischofsheim, das Meiniger Staatstheater oder der Sternenpark Rhön in Rathenow stehen auf dem Besuchsprogramm. Auch das Schloss Fasanerie in Eichenzell oder der Berg Milseburg in Hofbieber lohnen den Abstecher.

NATUR: Das Schwarze Moor zieht Naturfreunde an. Es gehört zum 243 323 Hektar umfassenden UNESCO-Biosphärenreservat Rhön und ist mit 66,4 Hektar der größte Moorkomplex aus Niedermooren und einem weitgehend unberührten und intakten Regenmoor in der Rhön.

INFO: **www.biosphaerenreservat-rhoen.de**

LUXUS MIT BAUERNHOF-CHARME

Die DLG-Top 10 der Ferien- und Bauernhöfe

Wer bei Urlaub auf dem Bauernhof nur an Stallmief, Gummistiefel und Stockbetten denkt, liegt heutzutage falsch. Moderne Landwirte setzen auf Luxus mit Bauernhof-Charme. Dazu schreibt die Deutsche Landwirtschafts-Gesellschaft, DLG, jedes Jahr einen Wettbewerb zum »Ferienhof des Jahres« unter ihren Mitglieds-Ferienhöfen aus. Dabei werden zehn Gastgeber, deren Angebot hervorsticht, als »Ferienhof des Jahres« ausgezeichnet. Der Wettbewerb steht jedes Jahr unter einem anderen Motto. Hier einige der prämierten Ferienhöfe der letzten Jahre:

Reif für einen Urlaub mit außergewöhnlichem Komfort?

STALLER FERIENHOF

Ein Ferienhof der Extraklasse, der die Auszeichnung auch 2019 erhielt, ist der exklusive Staller Ferienhof in Bayern. Urlaub mit allem Komfort und dem Charme vergangener Zeit: Luxus und Erholung pur gegen Stress und Fernweh. www.staller-ferienhof.de

FERIENHOF & BAUMHAUSHOTEL ALLGÄU

Einen Traum vom Leben in der Natur, von Geborgenheit und Freiheit bietet der 2019 ausgezeichnete Ferienhof samt Baumhaushotel Allgäu mit seinen vielfältigen und komfortablen Unterkünften. www.baumhaushotel-allgaeu.de

FERIENHOF KOSERTAL

Auf dem Ferienhof Kosertal in Bayern, prämiert im Jahr 2019, kann man das Bierbrauen und Brotbacken erlernen oder eine Urkunde als Bauernprofi machen. www.ferienhof-kosertal.de

MOIERHOF

Zu den von der DLG gekürten Ferienhöfen des Jahres 2019 gehört auch der Moierhof. Er liegt inmitten des Naturschutzgebiets Oberes Alztal nur wenige Meter vom Chiemsee entfernt. Hier wird Landwirtschaft noch echt vermittelt. www.moierhof.de

FERIENBAUERNHOF VOSS

Zwei Mal wurde der Ferienbauernhof Voß in Schmallenberg in Nordrhein-Westfalen bereits ausgezeichnet, ein Hof wie aus dem Bilderbuch. www.ferienbauernhof-voss.de

FERIENHOF HARDTHÖHE

Im Ferienhof Hardthöhe in Rheinland-Pfalz, ausgezeichnet im Jahr 2018, stehen die Zeichen auf Genuss: Hier lässt man sich den Apfelsaft von eigenen Obstbäumen, Landjäger aus dem hofeigenen Jagdrevier und selbstgebackenes Bauernbrot schmecken. www.ferienhof-hardthoehe.de

FRIESENHOF

Auf einem der prämierten Höfe von 2019, dem Friesenhof in Schleswig-Holstein, erlebt man auf der Nordseeinsel Pellworm Familienfrieden pur. www.friesenhof-pellworm.de

HOF SAATHOFF

Die Gartenvielfalt und das Landleben in reiner Natur zeichnen den 2017 prämierten Hof Saathoff in Krummhörn in Niedersachsen aus. Er liegt nur wenige Minuten von der Nordsee entfernt. www.ferienhof-saathoff.de

ALBERS' ROSENHOF

Zu den Gewinnern zählte 2017 auch Albers' Rosenhof in Niedersachsen. In Bispingen, ein Ort in der Lüneburger Heide, können Gäste inmitten intakter Natur innehalten und sich verwöhnen lassen. www.albers-rosenhof.de

FERIENHOF LAURENZ

Auf dem 2016 ausgezeichneten Ferienhof Laurenz muss man in Gronau im westlichen Münsterland auf echte Landerlebnisse nicht lange warten, sie stellen sich von allein ein. www.ferienhof-laurenz.de

© Stallerhof

Im kuschligen Bett das Frühstück genießen. Pure Entspannung!

Entspannungsbad im duftenden Heu

Im Galopp über die Felder –
das lieben nicht nur die Reiter.

ALLES GLÜCK DIESER ERDE ...

liegt auf dem Rücken der Pferde

Welches Kind träumt nicht davon, seine Ferien auf einem Reiterhof zu verbringen? Die Zügel fest in der Hand und auf dem Pferde- oder Ponyrücken die Natur erkunden. Eins werden mit dem Pferd, im Galopp dahinjagen, den Wind im Gesicht spüren, die Beine fest am warmen Bauch des Tieres – je weiter der Ausritt, desto größer das Gefühl von Abenteuer.

Ferien auf einem Reiterhof sind ein Traum für alle Pferde- und Ponyliebhaber: Ob Anfänger oder fortgeschrittener Reiter, Begleiter oder Zuschauer: Urlaub auf dem Reiterhof empfiehlt sich sowohl für die ganze Familie als auch für größere Kinder ohne ihre Eltern. Mädchen und Jungs sind hier willkommen, für ein eigenes Pferd Verantwortung zu übernehmen, es zu pflegen und zu reiten – und die Signale der sensiblen Tiere richtig zu deuten und zu verstehen.

Reitunterricht für alle Altersklassen und Leistungsniveaus auf gut ausgebildeten Pferden, das Ablegen von Reitabzeichen, therapeutisches Reiten oder geführtes Ponyreiten sind auf den meisten Reiterhöfen möglich. Selbst das Fahren mit Planwagen wird beim Urlaub auf manchen Reiterhöfen gelehrt. Die vorgestellten Höfe sind aber nicht nur für die Sprösslinge geeignet, sondern auch eine Empfehlung für Pferdeflüsterer und Western-Fans.

TOP 5 DER REITERHÖFE

Reiterhof Groß Briesen – ein Schmuckstück bei Berlin, am Rand des Naturparks Hoher Fläming

Gestüt am See – Reiterurlaub auf einem Hof am See mit Pferden, Meer, Strand und viel Natur

Küselhof und Reiterhof Witt – eine Kombination aus Ferien- und Reiterhof für eine ganz besondere Urlaubszeit

Freizeit- und Ferienreiterhof Odenwald – auf dem Esel- und Pferdehof findet auch professionelles Fußballtraining statt

Hochgallinger Hof – Gäste erwartet im Chiemgau ein besonderes Tiererlebnis mit Haflingern

Verantwortung für ein Pferd zu übernehmen ist ein spannendes Erlebnis.

Wohlfühlatmosphäre auf dem weitläufigen Hof im Taubertal

28 URLAUBSREITERHOF TRUNK

Begegnungen der besonderen Art

Der weitläufige Urlaubsreiterhof Trunk mit 30 Pferden bzw. Ponys, Ziegen, Hund, Katzen und Hasen liegt idyllisch in Reckerstal inmitten der lieblichen Natur des Taubertals. Auf dem Reiterhof haben die Kinder reichlich Gelegenheit, um Natur und Tiere mit allen Sinnen zu begreifen. Beim »Reiten lernen mit Hansi«, geeignet speziell für Einsteiger, wird in erster Linie die Freude am »Reiten lernen wollen« vermittelt. Dabei werden alters- und kindgerechte Lern- und Bewegungsangebote auf und neben dem Pferd vermittelt: Die kleinen und großen Reitanfänger lernen einen vertrauensvollen, einfühlsamen, respektvollen und wertschätzenden Umgang mit Tier und Mensch sowie viel Grundwissen rund ums Pferd. Natürlich gibt es auch Reitunterricht für Fortgeschrittene – egal, ob sie ganz jung sind oder schon älter. Es geht um alle Aspekte des Reitens, ob bei der Sitzkorrektur, der Bodenarbeit, im Einzelunterricht, in der Gruppe oder beim Voltigieren. Natürlich kann man auch das eigene Pferd mitbringen. Der Hof verfügt über helle Gastboxen, in denen das mitgereiste Pferd bestens versorgt wird. Die Reithalle und der großzügige Außenplatz bieten optimale Möglichkeiten, konzentriert mit dem eigenen Pferd zu arbeiten. Auf einem entspannten Ausritt lässt sich die herrliche Landschaft des Main-Tauber-Kreises genießen. Hier werden auch Wochenendlehrgänge, Turniertrainings oder der Vollberitt angeboten. Bei allem steht vor allem der Spaß im Vordergrund!
Keine Lust zum Reiten? Auch kein Problem. Dann sind die Kleinen und Großen auf dem Hof unterwegs, um die Ziegen Rita und Antonia sowie die Hasen Blacki und Flecki zu streicheln und mit frischem Gras, Möhren oder trockenem Brot zu füttern. Oder sie helfen beim Ausmisten, kuscheln mit den Katzen, gehen mit den Hunden spazieren oder tollen auf dem Abenteuerspielplatz mit Rutsche und Schaukeln umher, gehen schwimmen, spielen im Sand oder tragen Tischtennisturniere aus. Wenn die ganze Familie Lust hat, kann man bei einer Kutschfahrt die Umgebung erkunden. Natürlich dürfen Groß und Klein auch beim Füttern helfen oder dabei, die Pferde auf die Koppel zu bringen. Bei der Apfel- und Kirschernte darf man so viel naschen, wie man möchte! Der Natur und Umwelt zuliebe erzeugt der Hof den Strom für sich und viele weitere Haushalte über seine Solardächer. Das Regenwasser zur Bewässerung für den Reitplatz, die Reithalle und die Blumen wird gesammelt, Bio-Futter für die Pferde erzeugt und mit nachwachsenden Rohstoffen aus der Region geheizt. Zudem stellt die Hofschreinerei eigene Möbel aus den Taubertal-Wäldern her, natürlich biologisch geölt. **www.urlaubsreiterhof.de**

»NATUR UND TIERE MIT ALLEN SINNEN BEGREIFEN!«

TIPPS & INFOS

FREIZEIT: Rund um die Ferienregion »Liebliches Taubertal« gibt es tolle Freizeitaktivitäten wie Angeln in Adelshofen oder Bad Mergentheim, Golfen in Rothenburg oder Ingersheim, den Trimmpfad in Lauda-Königshofen, Bootswanderungen ab Wertheim, den Kletterwald Rothenburg und den Waldseilgarten Boxberg.
KULTUR: Perfekte Ziele für Städtetrips sind Würzburg mit seiner Residenz und der Hofkirche oder Rothenburg ob der Tauber mit dem Burggarten und dem Dominikanerkloster. Shopping-Fans lieben das Wertheim Village.
INFO: **www.liebliches-taubertal.de**

Auf Kuschelkurs mit den Eseln

29 FREIZEIT- UND FERIENREITERHOF ODENWALD

Perfekt für einen Esel-Führerschein

In Hardheim-Dornberg auf dem Freizeit- und Ferienreiterhof Odenwald findet neben dem Urlaub auch ein professionelles Fußballtraining statt. Im Mittelpunkt stehen aber die Tiere – mit den Eseln können Groß und Klein kuscheln, auf Wanderungen gehen oder mit der Eselskutsche fahren. Wer möchte, kann den Esel-Führerschein mit Dominik erwerben. Man lernt viel über die Herkunft der Esel und ihr Verhalten in der Herde, über das Eselführen, die Eselpflege und -versorgung. Auch kleine Wanderungen stehen auf dem Programm. Auf Pferden, Ponys und Shettys können die Kinder und auch Erwachsene reiten lernen oder gemeinsam ausreiten. Dabei werden die großen und kleinen Anfänger von den erfahrenen Reitern des Hofs über die Felder oder durch den Wald geführt. Kids ab etwa fünf Jahren können auch das Voltigieren ausprobieren und einfache Übungen in Schritt und Trab machen – zur Vorbereitung aufs Reiten und für Gleichgewicht, Haltung, Rhythmus, Taktgefühl und Konzentration. Wer weniger Interesse am Reiten hat, lernt im Football Freestyle Workshop bei Chris Bennet Bröker coole Tricks und macht als Fußballer oder Freestyler Fortschritte. Außerdem lassen sich Ziegen, Schafe, Hund, Katzen, Hühner, Hasen, Enten und Meerschweinchen besuchen. Außer dem großen Spielplatz gibt es eine überdachte Grillhütte. Gäste in den Ferienwohnungen versorgt ein Brötchen-Service.
www.pferdereiterhof-odenwald.de

TIPPS & INFOS

RAD/WANDERN: Rund um den Hof warten tolle Wander- oder Radfahrmöglichkeiten. Hardheim ist eingebunden in ein Radwegenetz entlang des Erfatals. Vor allem der neuste Radweg, der Erftal-Mühlen-Radweg, ist landschaftlich besonders reizvoll. Empfehlenswert sind auch der Grünkernradweg und der Odenwald-Madonnen-Radweg. Im Frühjahr 2020 wurde zudem eine Mountainbike-Strecke angelegt.
FREIZEIT: Kulturell Interessierte besuchen das Erfatal-Museum in Hardheim oder die Walter-Hohmann-Sternwarte, die sich auf dem Scherenberg oberhalb von Hardheim befindet.
INFO: **www.hardheim.de**

Eins werden mit dem Pferd, im Galopp dahinjagen und den Wind im Gesicht spüren

30 STERNENHOF

Für spannende Begegnungen

In Loßburg im Schwarzwald liegt der Sternenhof in sonniger Alleinlage. Er ist, abseits von Straße und Verkehr, umgeben von saftigen Wiesen und grünen Tannenwäldern und hat einen herrlichen Blick über das Heimbachtal. Der nachhaltig bewirtschaftete Hof mit eigener Ökostrom- und Warmwassererzeugung und einer Holzheizung ist der ideale Urlaubsbauernhof für alle großen und kleinen Naturliebhaber. Hier kann man spielen und zugleich den Bauernhof entdecken: auf dem Spielplatz in den Himmel schaukeln, wippen, Fußball spielen, Tretfahrzeuge ausprobieren oder die größte Sandburg im Sandkasten bauen. Beim Tischtennis, Basketball und Versteckspiel die Zeit vergessen oder sich in der Träume-Ecke mit einem Buch in die Hängematte zurückziehen. Kleine und große helfende Hände sind bei der Versorgung der Ponys, Esel, Ziegen, Katzen, Hasen und Hühner immer gern gesehen. Die Heuernte mit den brummenden Traktoren und dem Toben und Springen auf den duftenden Heuballen im Hof ist jedes Jahr ein Highlight. Beim Reiten bauen Anfänger behutsam Vertrauen, Nähe, Wärme und Ruhe im Umgang mit dem Pferd auf. Dabei steht die Begegnung zwischen Mensch und Pferd von Anfang an im Vordergrund. Unter kompetenter Anleitung wird das Reitprogramm auf dem Reitplatz oder in der freien Natur individuell auf die jungen Reiter abgestimmt. Für Könner sind begleitete Ausritte ins Gelände möglich. Reiten wird ausschließlich für Kinder und Jugendliche angeboten. Die Erwachsenen genießen derweil unterm freien Himmel einen gemütlichen Badegang im Holzzuber. **www.sternenhof.com**

TIPPS & INFOS

FREIZEIT: In der Nähe gibt es viel zu sehen und zu erleben. So zum Beispiel das Zauberland an der Kinzig, den Barfußpark in Dornstetten-Hallwangen, den Wolf- und Bärenpark in Bad Rippoldsau, den Lotharpfad an der Schwarzwaldhochstraße oder die Bobbahn am Mehliskopf.

KULTUR: Die Burg Hohenzollern in Hechendorf oder Deutschlands höchste Wasserfälle in Triberg mit 163 m Fallhöhe und sieben Fallstufen sollten unbedingt auf dem Ausflugprogramm stehen. Beide Ziele sind sowohl im Sommer als auch im Winter einen Besuch wert.

INFO: **www.schwarzwald.de**

Oberbayerische Blumenpracht

»FREIZEIT UND SPORT AN EINEM ORT«

31 REITERHOF SEEHOF

Beste Betreuung für Pferd und Reiter

Am Reiterhof Seehof in Petting macht man Urlaub am wärmsten Badesee Oberbayerns. Gelegen am Südufer des Waginger Sees, beeindruckt Petting vor allem mit seinem idyllischen Setting zwischen See, Naturlandschaft und den Chiemgauer Bergen. In den typischen Bauernhäusern und hübsch hergerichteten Gärten zeigt sich Bayern von seiner schönsten Seite. Der Reiterhof bietet dazu ein exklusives Urlaubsvergnügen. Der weitläufige und geschützte Reitstall liegt in ruhiger sonniger Lage nur wenige Schritte vom Ufer des Waginger Sees entfernt. Aktuell gehört der Seehof mit 66 Boxen, drei Reithallen, zwei Longierzirkeln, einer Galoppstrecke, Koppeln, zwei Außenreitplätzen, Führmaschine, Paddocks, Offenstall, Waschplätzen, Solarium und einem Quellwasserteich zu einer der größten Reitanlagen im Chiemgau. Dank modernster Ausstattung und des familiären Umfelds fühlen sich Pferd und Reiter bestens betreut und umsorgt. Im Seehof ist man überzeugt, dass alle reiten lernen können, und freut sich auf Gäste jeden Alters und jeder Könnensstufe. Dem Reitniveau entsprechend setzt die Reitschule speziell ausgebildete Pferde und Ponys ein – oder man bringt einfach sein eigenes Pferd mit; auch das ist möglich. Der Hof bietet eine Pferdepension und versorgt auch Sportpferde sieben Tage die Woche mit Kraftfutter und Heu – in einem Koppel- und Urlaubs-Service bietet er eine umfassende Betreuung der edlen Vierbeiner all-inclusive an. Hier im Seehof gibt es zahlreiche Möglichkeiten für Pferdesport und Freizeitreiten. Um den stressigen Alltag für einen Moment hinter sich zu lassen, zur Ruhe zu kommen und neue Energie zu tanken, kann man auf dem Seehof außerdem eine bunte Palette an Massagen und Anwendungen wahrnehmen. Alle Behandlungen, wie zum Beispiel Alpensalz-, Ayurveda-, Honig- oder Hot-Stone-Massagen, werden in den Ferienwohnungen nach individueller Terminvereinbarung durchgeführt. Die Apartments liegen umgeben von Wiesen, Feldern, Wäldern, jedes hat Seeblick. **www.reiten-seehof.de**

TIPPS & INFOS

FREIZEIT: Acht gemütliche Strandbäder verteilen sich rund um den Waginger und den Tachinger See. Viele der Seebäder verfügen über Beachvolleyballplätze, Boule-Bahnen, Boots- und SUP-Verleih.

RAD/WANDERN: Radfahren im Chiemgau hat viele Gesichter. Am Waginger See starten beschilderte Radwege in alle Himmelsrichtungen, die durch ganz Oberbayern und – über Fernradwege – sogar noch weiterführen. Wanderer genießen die landschaftliche Vielfalt im Rupertiwinkel; Mountainbiker kommen auf dem gut erschlossenen Wegenetz auf ihre Kosten.

KULTUR: Die nahe Mozartstadt Salzburg oder München eignen sich perfekt für einen Tagesauflug.

INFO: **www.waginger-see.de**

Auf du und du mit dem Pferd

Herrlicher Blumenbalkon am Hochgallinger Hof

32 HOCHGALLINGER HOF

Landurlaub, der Spaß macht

In ausgesprochen ruhiger Lage in Siegsdorf gegenüber dem Wallfahrtsort Maria Eck thront auf einer Anhöhe mit traumhaftem Bergblick der Hochgallinger Hof. Die Haflinger des Reiterhofs verschaffen großen und kleinen Urlaubern ein besonderes Tiererlebnis. Sie werden an traditionellen Festtagen wie Leonhardi oder beim Georgiritt prächtig geschmückt und dürfen im Festzug ihre ganze Schönheit zeigen. Ansonsten freuen sie sich auf die kleinen Gäste, denn sie wollen gefüttert und gestreichelt werden. Wer das Reiten erlernen möchte, ist hier genau richtig. Dabei können die Sprösslinge selbst entscheiden, ob sie lieber in der Gruppe oder allein reiten – Fähigkeit und Übung spielen dabei aber natürlich eine Rolle. Eine Kutschfahrt ist übrigens für die ganze Familie möglich. Nach dem Reiten wartet im Reitstall viel Arbeit, und jeder, der will, kann mithelfen beim Striegeln, Putzen und Misten. Besonders Motivierte absolvieren ihren Pony-Pass auf dem Hochgallinger Hof. Der bietet aber auch jede Menge Platz zum Laufen, Springen und Toben auf dem großen Spielplatz mit Sandkasten, Trampolin, Schaukel und dem neuen Spielhaus mit Rutsche und Klettergerüst. Ein weitläufiger Garten mit Liegewiese lädt zum Entspannen und Abschalten ein. Im Hofladen findet man Lebensmittel aus eigener und bäuerlicher Erzeugung in bester Qualität.

www.hochgallinger-hof.de

TIPPS & INFOS

FREIZEIT: Der nahe gelegene Chiemsee lädt zum Baden, Schwimmen, Segeln, Surfen und Bootfahren ein, oder man besucht das Salzbergwerk in Berchtesgaden. Auch für Menschen, die nicht schwindelfrei sind, lohnt ein Besuch im Kletterwald in Prien oder im Hochseilgarten in Pelham. Im Freizeitpark Ruhpolding mitten im romantischen Bergwald finden die jüngsten Besucher Märchen- und Dinosaurierfiguren.
KULTUR: Die Insel Herrenchiemsee hat ihr Schloss weltberühmt gemacht. Ein besonderes Highlight ist die musikalische Märchenwanderung, die regelmäßig von Mai bis Oktober stattfindet. Aber auch das Schloss Berchtesgaden oder die Festung Hohensalzburg lohnen die Stippvisite.
INFO: **www.chiemsee-alpenland.de**

Von Arzbach kann man an beiden Ufern der Isar bis nach Lenggries wandern.

33 LANDGUT MORALTHOF

Direkter Kontakt zu Tier und Natur

Im Moralthof in Lenggries züchten sie seit mehreren Jahren Quarter Horses und Paint Horses. Die betörende Natur im Isartal lässt bei Mensch und Tier keine Wünsche offen. Hier kann man reiten lernen, seine Fertigkeiten verbessern oder das Pferd in Beritt geben, sowohl Western als auch Englisch. Das Training in der Halle, das entspannte Ausreiten jenseits vielbefahrener Straßen oder das Reiten auf dem großen Platz mit Panoramablick auf das Brauneck und den Geierstein lassen jedes Reiterherz höher schlagen. Im Moralthof lehrt man in kleinen Gruppen und schafft auf hervorragend ausgebildeten Reitpferden eine perfekte Lernatmosphäre. Die Reitlehrerin Maria Ebert möchte für Groß und Klein die Voraussetzung schaffen, nicht nur das Reiten gründlich zu erlernen, sondern langanhaltend Spaß an dieser wunderbaren Sportart zu finden. Auf dem Moralthof kann man die Kombination aus direktem Kontakt mit Tier und Natur und den exklusiven Wohnmöglichkeiten inmitten einer idyllischen Landschaft erleben. Zudem legt der Hof besonderen Wert auf nachhaltige Energieversorgung mit eigener Stromerzeugung und Hackschnitzelheizung. Jeder Gast erhält eine Gastkarte Plus von Lenggries, die ein großes Angebot an kostenfreien und reduzierten Leistungen beinhaltet, sowie Zugang zu mehr als 25 TV-Sendern. Damit bleiben für Groß und Klein auch bei schlechtem Wetter garantiert keine Wünsche offen.
www.landgut-moralthof.de

TIPPS & INFOS

FREIZEIT: Dank der Gastkarte Plus sind die Berg- und Talfahrt mit den Brauneck- und Bromberg-Bergbahnen, der Jaudenhangflitzer Sommerrodelbahn, der Tennisplatz in Arzbach, der Besuch des Naturfreibads, des Freibads Arzbach oder im Naturparkhaus Hinterriss in Österreich vergünstigt. Aber es gibt noch viele andere Freizeitmöglichkeiten in der Nähe wie Ballonfahren, Bergsteigen oder Drachenfliegen.
KULTUR: Auch im Franz-Marc-Museum in Kochel, im Museum Campendonk und dem Bergwerkmuseum hat die Gästekarte Gültigkeit.
INFO: **www.lenggries.de**

Neue tierische Freundschaften knüpfen und eine spannende Sportart kennenlernen

Erstklassige Lage und unbegrenzte Reitmöglichkeiten

34 REITERHOF GROSS BRIESEN

Ein kleines Schmuckstück

Ein wahres Schmuckstück ist der Reiter- und Erlebnisbauernhof Groß Briesen am Rande des Naturparks Hoher Fläming. Inmitten von Sand, Kiefern und unbegrenzten Reitmöglichkeiten liegen der Reiterhof, der Familienbauernhof und das Gestüt für Islandpferde, Laekurhof, in Groß Briesen. Ob fortgeschrittene Reiter, Anfänger oder Menschen mit Behinderung: Der Hof bietet für jeden Gast einen individuellen Reiturlaub an. Dabei sind ein vertrauensvoller Umgang sowie die Harmonie zwischen Mensch und Pferd besonders wichtig. Es geht um »Reiten ohne Angst und Drill« und darum, mit dem Pferd die Natur zu erleben. Neben dem Familienurlaub bietet der Hof auch Ferien mit Reitunterricht für Kinder und Jugendliche an, die ohne Eltern anreisen. Für körperlich und geistig eingeschränkte Kids hält der Hof ausgebildete Therapiepferde bereit, mit denen sie das Reiten und den Umgang mit dem Pferd erlernen. Alle Kinder können – entsprechend ihrem Ausbildungsstand – an den Reitstunden von Dressur, Tölt, Springen und an Ausritten für Anfänger oder fortgeschrittene Reiter teilnehmen. Es besteht auch die Möglichkeit zu voltigieren, Picknickausritte zu unternehmen, die Pferde in Bodenarbeit zu trainieren oder ein Fotoshooting mit dem Lieblingspony zu veranstalten. Im Winter bietet der Hof eine noch intensivere Betreuung und eröffnet viele Gelegenheiten, Groß Briesen und den Naturpark Fläming von seiner winterlichen Seite kennenzulernen. Außerdem gibt es jede Menge Abwechslung mit Tischtennisturnieren, dem Bedrucken von T-Shirts oder Dorf-Rallyes, Spieleolympiaden, Disco mit Karaoke oder gemeinsamen Volleyballspielen.

Das »Englisch Camp« verheißt lernen mit viel Spaß: Der tägliche Sprachunterricht verbessert nicht nur die Fähigkeiten der Kids, sondern schult das Hörverständnis auch den ganzen Tag über mit neuen Vokabeln. Neben dem Sprachunterricht beinhaltet der Kurs zusätzliche Freizeitangebote wie Pferdefußball, Bogenschießen oder Picknickwanderungen. Im Abenteuercamp ohne Pferde steht dagegen eher die Action im Mittelpunkt, zünftige Lagerfeuer und das Schlafen im Tipi inklusive. Eine Woche lang kann man dabei die Natur erleben und auf dem Gelände all das tun, was in der Stadt nicht möglich ist – beispielsweise Bogenschießen, Angeln und Hütten bauen oder eine aufregende Nachtwanderung unternehmen. Auch für das leibliche Wohl von Groß und Klein ist gesorgt. Täglich werden in der Küche vier Mahlzeiten sowie ein vegetarisches Gericht frisch zubereitet.

www.reiterhof-gross-briesen.de

»MIT DEM PFERD DIE NATUR ERLEBEN«

TIPPS & INFOS

NATUR: Nur etwa eine Stunde von der Metropole Berlin und 50 Minuten von Potsdam entfernt, kann man hier perfekt in der Natur entspannen: Sanfte Hügel, tiefe Wälder und kühle Bäche geben dem Naturpark Hoher Fläming im Südwesten Brandenburgs seinen ganz besonderen Reiz.

RAD/WANDERN: Das Gebiet ist eine der jüngsten Wanderregionen Deutschlands mit einem professionellen Rad- und Wanderwegesystem. Die schönsten Wanderwege sind der Burgen-, der Kunst- und der Bergmolchwanderweg oder die Kleine Fläming-Radtour für Radler.

KULTUR: Das Kulturangebot von Berlin und Potsdam reicht für mehrere Wochen Urlaub – Stichwort Sanssouci, Museum Barberini oder Museumsinsel.

INFO: **www.berlin.de/tourismus** oder **www.postdam.de**

»UNENDLICHE VIELFALT AN WASSER, WALD, WIESE, HEIDE, SELTENEN PFLANZEN UND TIEREN«

35 PFERDEHOF RUHNAU

Im Herzstück der Uckermark

Mitten im Biosphärenreservat Schorfheide-Chorin liegt auf einer Anhöhe in Oberuckersee der Pferdehof Ruhnau in Alleinlage. Die Landschaft um den Pferdehof bildet das Herzstück der Uckermark. Hier herrschen beste Luft- und Umweltbedingungen. In schier unendlicher Vielfalt lassen sich Wasser, Wald, Wiese, Heide, seltene Pflanzen und Tiere, aber auch Jahrtausende alte Spuren menschlicher Besiedlung antreffen. Die großzügige Hofanlage besteht aus einem Haupthaus mit Kaminsalon, Billardtisch, Sauna und privatem Schwimmbad, dem Verwalterhaus mit Wagenschuppen, drei Stallgebäuden, einer lichtdurchfluteten Reithalle mit dazugehöriger Reiterklause und einem Gästehaus mit sechs Apartments. Es gibt 35 Pferde und Ponys, Schafe, Ziegen, Hühner und Minischweine – die Schweine sind alle lieb und handzahm und stehen bei den Kindern hoch im Kurs, doch auch der Rest des Streichelzoos freut sich auf die liebevolle Zuneigung der Gäste. Der Hof bietet »Zwergenreiten«, angelehnt an das Voltigieren, für Vier- bis Siebenjährige in kleinen Gruppen an. Ansonsten gibt es hochqualifizierten Reitunterricht auf gut ausgebildeten Pferden und Ponys sowie Reiterferien für Anfänger und Fortgeschrittene. Die sattelfesten Kids reiten auf Ponys und Pferden aus. Wer möchte, kann sein Reitabzeichen auf einem hofeigenen Schulpferd machen. **www.pferdehof-ruhnau.de**

TIPPS & INFOS

FREIZEIT: Das Kloster Chorin, das Schiffshebewerk Niederfinow, der Buchenwald Grumsin, der Kletterpark Schorfheide, Haustierpark und Wildpferdgehege Liebenthal oder der Wildpark bei Groß Schönebeck – an Attraktionen herrscht in der Umgebung kein Mangel.

KULTUR: Das Biosphärenreservat liegt nur ca. 30 Bahnminuten von Berlin mit seinen vielen Sehenswürdigkeiten entfernt.

NATUR: Einige kleinere Highlights in der Schorfheide sind das Biorama Joachimsthal oder das NABU-Erlebniszentrum Blumberger Mühle.

INFO: **www.schorfheide-portal.de**

Wir haben ein Huhn gefunden (links)!
Wanderung an der Küste der Kreidefelsen,
ein Highlight auf Rügen (rechts)

36 ERLEBNIS-BAUERNHOF KLIEWE

Lässt Kinderherzen höher schlagen

Rügen zählt die meisten Sonnenstunden Deutschlands – ganz im Westen der großen Insel befindet sich der Erlebnis-Bauernhof Kliewe, inmitten des Nationalparks Vorpommersche Boddenlandschaft. Schon seit 1840 wird auf dem Bauernhof Landwirtschaft betrieben. Zum Hof gehören über 50 Hektar Ackerfläche und Wiesente. Im Juni sieht man, wie das Heu eingefahren wird, während im Juli der Raps und das Getreide geerntet werden. Aber das Hauptaugenmerk liegt beim Bauernhof Kliewe auf dem Federvieh. Auf den Weiden rings um den Hof kann man im Sommer die zahlreichen Enten und Gänse bestaunen. Die Lage direkt am Bodden und die einmalige Natur machen den Erlebnishof zu einem Paradies für Jung und Alt, doch besonders die Kids werden einen Aufenthalt nicht so schnell vergessen. Denn der Spielplatz, Tiere zum Streicheln, eine Strohburg, Trampoline und eine Tobehalle lassen Kinderherzen höher schlagen. In Pony Paulchens Reitschule lernen die Kinder reiten und voltigieren, sie können Longier-Stunden nehmen und an kleinen geführten Ponyausritten teilnehmen. In den Ferienzeiten sorgen verschiedene Erlebnis-Angebote wie Mutter-und-Kind-Stunden, Pferdeführerschein, Ponyspaß und vieles mehr für Abwechslung. Auf dem Hof gibt es einen Hofladen und im Hofrestaurant auch Frühstück. Neben Ferienwohnungen kann man einen Wohnwagen mieten. **www.bauernhof-kliewe.de**

TIPPS & INFOS

FREIZEIT: Rügen eignet sich ideal für Aktivurlauber. Highlights sind der Nationalpark Jasmund mit den hohen Kreidefelsen und den großen Buchenwäldern, der Leuchtturm am Kap Arkona und die sehenswerten Seebrücken in Sellin, Binz und Sassnitz. Rügen gilt zudem als Mekka für Sonnenanbeter. Rund 60 km Strand schmiegen sich an die Küstenlinie von Deutschlands größter Insel.

RAD/WANDERN: Man kann hier wunderbar wandern oder auf den vielen gut ausgebauten Wegen durch die urwüchsigen Wälder radeln.

INFO: **www.ruegen.de**

Kleine Zicklein bringen Kinderaugen zum Leuchten.

Stell-dich-ein auf dem großem Hofteich

37 FERIEN- & REITERHOF LANDGUT LISCHOW

Paradies zum Wohlfühlen

Unweit der Hansestädte Wismar und Rostock nahe der Ostsee liegt das Landgut Lischow inmitten herrlicher Natur – ein wahres kleines Paradies. Urlaub auf dem Gutshof heißt hier in Lischow, Zeit mit vielen Pferden, Ziegen und Gänsen in einer geschlossenen Gutsanlage mit großem Hofteich und einem romantischen Park in herrlicher Umgebung zu verbringen. Hier liegt Pferdeduft in der Luft: einmal im Sattel über den Reitplatz schweben! Einmal mit einer ganzen Bande Ponys über den Hof spazieren! Einmal eine volle Woche ein Pflegepferd betreuen! Hier können Kinder und Jugendliche den Pferden ganz nah sein. Sie verbringen Reitferien mit allem, was dazugehört, in Theorie und Praxis, vom Anfänger bis zum Fortgeschrittenen. Dabei ist für die Kids im Gutshaus in rustikal und modern eingerichteten Zimmern Betreuung und Vollpension enthalten. Jeder bekommt »sein« Pferd zum Schmusen, Pflegen und Verwöhnen. Außerdem finden Kurse zum Reitabzeichen 10-7 der FN (Deutsche Reiterliche Vereinigung) statt. Auch Pferdepensionsboxen sind vorhanden. Neben dem Unterricht und den Ausritten gibt es Kutschfahrten oder Stutenvorstellungen für alle, die nicht selber sportlich aktiv werden wollen – allerdings sind Pferde auf jeden Fall mit dabei. Auch viele Streicheltiere und Ponys sowie etliche Trakehner freuen sich auf den Besuch der Gäste. Ein buntes Rahmenprogramm lässt keine Langeweile aufkommen. Park- und Gutshofrallyes, Nachtwanderungen, Lagerfeuer, Grillen und Kremserfahrten machen die Ferien zu einem unvergesslichen Erlebnis. Ausflüge und Aktivitäten aller Art sind ganzjährig möglich wie z. B. Planwagenfahrten, Radtouren, Wandern oder Tag- und Nachtangeln am Stausee sowie Park- und Gutshofführungen. Im Gästehaus im Park stehen Ferienapartments für Familien bereit. Der Papa angelt, die Mama sitzt gemütlich auf der Terrasse, und die Kinder haben Spaß beim Reitunterricht – auf der großzügigen Hofanlage findet sich für jeden etwas. Brötchenservice, Frühstücksbuffet sowie Mittag- und Abendessen sind im Gutshofcafé inbegriffen. Einmalige Erlebnisse und Abenteuer für die Kinder, Ruhe und Erholung für die Eltern, so definiert das Landgut Lischow Urlaub.
www.landgut-lischow.de

PARK- UND GUTSHOFRALLYES, NACHTWANDERUNGEN, LAGERFEUER UND KREMSERFAHRTEN MACHEN DIE FERIEN ZUM ABENTEUER.

TIPPS & INFOS

FREIZEIT: Rund um den Hof erstreckt sich die einzigartige mecklenburgische Landschaft. Die Badestrände der Ostsee in Rerik und auf der Insel Poel liegen nur 20 Autominuten entfernt. Außerdem sind der Hochseilgarten Neukloster, das Erlebnisbad Wonnemar und das Indoor-Spiele-Paradies Mumpitz in Wismar sehr zu empfehlen.
KULTUR: In Bad Doberan besucht man das Schloss Gamehl, die historische Hafenanlage oder die älteste Pferderennbahn in Deutschland. Die Welterbestadt Wismar mit ihren fantastischen Backsteinkirchen ist schnell erreicht.
INFO: **www.wismar.de**

Rasselbande unterwegs

38 ALBERS' ROSENHOF

Naturnaher Reiterhof in der Lüneburger Heide

Der idyllische Einzelhof mit parkähnlicher Gartenanlage und altem Baumbestand liegt in Behringen-Bispingen am Rande des Naturschutzgebietes Lüneburger Heide. Umschlossen von intakter Natur kann man hier abschalten, innehalten und sich verwöhnen lassen. Der Hof umfasst insgesamt rund 100 Hektar Land, davon wird ein Teil der landwirtschaftlichen Fläche und des Grünlands für den Anbau von Hafer und Gerste sowie für Energiemais genutzt. Der Rest sind waldwirtschaftliche Flächen, die sich in Kiefer-, Fichte-, Douglasie- und Laubwald- sowie Wasserflächen aufteilen. Ein Traum für Waldliebhaber! Aber nicht nur die Umgebung ist idyllisch, sondern auch der Rosenhof selber. Das Motto lautet: aufsatteln, aufsitzen und die Harmonie mit dem Pferd spüren. Der Hof hat sich im Laufe der Jahre auf die Arbeit mit Pferden und auf die Zucht von Hannoveranern spezialisiert. Hier kann man Reiten von der Pike auf lernen und auch mit dem eigenen Pferd wichtige Fortschritte erzielen. Aber nicht nur für Reiter ist Albers' Rosenhof ein kleines Paradies: Viele weitere Tiere freuen sich über Zuneigung wie zum Beispiel die Alpakas, Ponys, Schafe, Hunde, Katzen und Enten. Oder man genießt das Flair des rund 160 Jahre alten Bauernhauses mit neuzeitlichem Komfort in seinen modernisierten Gästezimmern oder den gemütlichen Ferienwohnungen. Stille und sonnige Plätzchen lassen sich im großen Bauerngarten finden. **www.albers-rosenhof.de**

TIPPS & INFOS

FREIZEIT: Alle Übernachtungsgäste erhalten die Bispingen-Card für vergünstigte Freizeitattraktionen in der Region. Oder man besucht »Das verrückte Haus«, das Ralf-Schumacher-Kartcenter, die Iserhatsche oder das Abenteuerland in Bispingen.

RAD/WANDERN: Die Heidelandschaft bietet viele Erholungsmöglichkeiten direkt vor der Tür: 23 Rundwanderwege wie die Heideweite, »Nichts für Flachlandtiroler« oder »Durch die Haverbecker Heide«, dazu neun Rundradwege wie die Behringer Heidetour oder die Strecke zum Greifvogelgehege.

INFO: **www.bispingen.de**

Kopfüber ins Abenteuer stürzen – am liebsten mit der ganzen Familie.

39 PONYHOF MEIER Lieblingspony in Sicht

Sauerland, das sind Felsen und Steinbrüche, Kirchen und Bergkuppen, mächtige Bäume und unterirdische Grotten, Seen und Täler: Mitten in dieser zuweilen archaisch anmutenden Landschaft, in Eslohe, liegt der Ponyhof Meier. Auf dem Pferdehof gehen kleine und große Reitträume in Erfüllung. Egal, ob braun, weiß, schwarz oder gescheckt – hier findet jeder sein Lieblingspony. Natürlich können die Kids mithelfen, die Ponys zu putzen und zu satteln und den Stall auszumisten. Dank Ponywanderungen, Unterricht in der Reithalle, Ausritten, geführten Pony(reit)stunden, Putzwettbewerben und Ponyspielen ist Langeweile ausgeschlossen. 30 Ponys, die Zwergziegen und Kaninchen und der Hund freuen sich über Streicheleinheiten. Der (Stroh-)Spielplatz, das Tretbecken, ein Spielhaus mit Billard, Kicker und Tischtennis, die Liegehalle und Liegewiese, die große Gartenterrasse, die Ziegenwiese und der Lagerfeuerplatz sorgen für Abwechlung im Urlaubsalltag. Im Sockenzimmer, direkt neben dem Hobbyraum, haben auch die kleineren Sprösslinge ihren Spaß. Die Großen gönnen sich zwischenzeitlich eine Auszeit im neuen Wellnessbereich. Die Ferienzimmer liegen im Gäste- und Haupthaus und können mit Voll- oder Halbpension gebucht werden. Die Hofküche ist bestens auf den Geschmack der kleinen und großen Gäste eingestellt. **www.ponyhof-meier.de**

TIPPS & INFOS

FREIZEIT: In Eslohe finden sich kleine Geschäfte zum Stöbern. Nur einen Steinwurf entfernt erstreckt sich das Erlebnis-Essel-Bad mit großer Rutsche und Kleinkinderbereich, Whirlpool, Dampfsauna und Freibad. Direkt daneben liegen der Kurpark samt Spielplatz und der Minigolfplatz. Die Karl-May-Festspiele in Elspe, die Attendorner Tropfsteinhöhle, das Erzbergwerkmuseum in Ramsbeck, die Hennetalsperre (auch mit Bademöglichkeit) oder das Thikos-Kinderland in Schmallenberg bieten sich als weitere Ausflugsziele an.

RAD/WANDERN: Gut ausgeschilderte Wanderwege laden zum Erkunden der schönen sauerländischen Wälder und Wiesen ein. Der Hof liegt zudem direkt am Sauerland-Radring.

INFO: **www.sauerland-travel.de**

Auf der weitläufigen Anlage findet jeder seinen Lieblingsplatz.

40 REITER- UND PONYHOF GEORGENBRUCH

Modernes, ländliches Flair

Im Herzen des Münsterlandes, vor den Toren der Pferdestadt Warendorf und ganz in der Nähe der Großstadt Münster, liegt in Everswinkel der romantische Ponyhof Georgenbruch. Die wunderschöne Hofanlage mit herrschaftlichem Gutshaus und exklusiven Ferienwohnungen mit modernem, ländlichem Flair ist umgeben von Wiesen, Weiden und Wäldern. Hier lässt sich ein erholsamer und idyllischer Urlaub mit qualifiziertem Reitunterricht verbringen. Ob reitbegeisterte Familien, Jugendliche, Reitanfänger oder Fortgeschrittene – der Ponyhof Georgenbruch lässt keine Wünsche offen. 65 Pferde und Ponys leben auf dem Hof, sodass Größe und Charakter des Pferds immer dem Leistungstand des Reiters angepasst werden können. So starten zum Beispiel die kleineren Reitanfänger auf Shetland- und Welsh-Ponys. Beim Reitenlernen auch sich selbst weiterzuentwickeln – so definiert der besondere Hof seine Qualität. Natürlich helfen Groß und Klein beim Putzen, Satteln, und sie schmusen und knuddeln mit den Tieren. Über die weitläufige Gartenanlage verteilen sich Sitzgelegenheiten zum Entspannen und Lesen oder für lange Sommerabende mit Blick auf den Gartensee. Auf der großzügigen Spielwiese bieten sich den Kids diverse Möglichkeiten zum Klettern, Hüpfen und Rutschen. In jedem Fall gibt es hier einmalige Erlebnisse für Kinder, Jugendliche und Erwachsene.
www.ponyhof-georgenbruch.de

TIPPS & INFOS

FREIZEIT: In der Umgebung kann man einiges entdecken – so zum Beispiel im Vitus Bad oder dem Mitmachmuseum Up'n Hoff, beide in Everswinkel. Oder im Heimattierpark Olderdissen, in der Maximare-Erlebnistherme Bad Hamm, am Baumwipfelpfad Bad Iburg, im Fun-Center Nimmerland oder im Freizeitpark Ketteler bei Haltern am See. Pferdebegeisterte sollten unbedingt das Landesgestüt Warendorf besuchen.
RAD/WANDERN: Das Münsterland ist ein Paradies für Radfahrer und Wanderer. Auf 5000 km ausgeschilderter Radwege und 2300 km Wanderwege kann man hier die Region kennenlernen.
INFO: **www.muensterland.de**

Pferde – die richtigen
Partner für spannende
Ausflüge in die Natur

41 LANDGUT PFAUENHOF

Es geht nichts über eine ordentliche Matschschlacht!
Bei der Reitstunde geht es gesitteter zu.

Ferien auf die sanfte Art

Diese Lage ist selbst in der Vulkaneifel mit ihren berühmten Kraterseen einmalig: Von Wald umgeben erstreckt sich am Rande von Utzerath in einem Wiesental das Landgut Pfauenhof. Der biologisch bewirtschaftete Grünlandbetrieb mit 35 Hektar Land und das gepflegte Gestütsgelände mit seiner Blumenpracht bieten nicht nur ein idyllisches Ambiente, der Hof verwirklicht auch den Traum von kleinen und großen Bauernhof-Fans. Ein Paradies, wenn man Natur pur erleben möchte! Denn hier lässt sich im Einklang mit der Umgebung ein spannender Reit- oder Erholungsurlaub verbringen, und die Liebe zur Natur wächst mit jedem Tag. Es gibt zahlreiche große und kleine Tiere auf dem Hof – und alle lassen sich anfassen und streicheln: Zuchtstuten, natürlich die Reitpferde, Ponys, das Eselchen Grisella, die Galloway-Rinder, Alpakas, die Dalmatiner Bruno und Emma, Katzen, Hühner, Hasen und die namengebende Pfauendame. Täglich gibt es für Anfänger Reitstunden auf dem passenden Pferd mit fachlicher Einführung oder für fortgeschrittene Reiter schöne Geländeritte. Die ruhigen und ausgeglichenen Pferde sind hier geboren und aufgewachsen. Aber auch die Grundlagen des Reitens im Theorieunterricht mit praktischen Übungen am Pferd kommen nicht zu kurz. Wer möchte, kann sein eigenes Pferd mitbringen, das natürlich rundum versorgt wird.

Für die ganze Familie stehen Ponywanderungen in ein stilles Wiesental mit Picknick, Kaffee und selbstgebackenem Kuchen auf dem Programm oder die Teilnahme bei den spannenden Reiterspielen. Dabei wird gedichtet, geputzt, geschmückt – und viel gelacht! Die Großen feuern die Kleinen an, während sie auf ihren Ponys bei Geschicklichkeitsspielen zeigen, was sie schon gelernt haben. Natürlich können die Kids am Hof auch dabei helfen, die Pferde auf die Koppel zu führen, zu pflegen, zu füttern und die Ställe zu misten. Wer dazu keine Lust verspürt, trifft sich am Bach oder auf dem Spielplatz zum Spielen und Toben oder genießt eine Auszeit im Gras liegend, während man Rote Milane am Himmel beobachtet. Auch die Grillabende mit großem Lagerfeuer und Stockbrot finden am Bach statt. Langeweile ist hier wirklich ein Fremdwort.
www.ferien-gestuet-pfauenhof.de

TIPPS & INFOS

FREIZEIT: Ganz in der Nähe befinden sich die berühmte Burg Eltz an der Mosel, das Schloss Bürresheim bei Mayen und das Eifelkloster Himmerod. Das Angebot an Ausflugszielen kann sich sehen lassen: die einmaligen Maare – ein durch Wasserdampf-Eruptionen entstandener, trichterförmiger Vulkantypus; der Adler- und Wolfspark in Kasselburg, eine der letzten Glockengießereien in Brockscheid, der Wildpark oder das Vulkanmuseum in Daun sowie der Wallende Born, ein Kaltwassergeysir, sowie der wachsende Wasserfall bei Nohn.

RAD: Der Maare-Mosel-Radweg verläuft in nächster Nähe.

INFO: **www.eifel.info**

42 WEICHAER HOF

Regionale Verbundenheit mit echter Gastlichkeit

Der Weichaer Hof liegt in Weißenberg in der lieblichen Landschaft der Oberlausitz. Die hofeigene Reitschule erwartet kleine und große Gäste mit vielen Angeboten rund ums Pferd: Vom klassischen Reitunterricht übers Kinderreiten bis zu tierischen Teamdays für die Kids steht der Reitspaß ganz oben auf dem Programm. Kleine und große Anfänger und Fortgeschrittene kommen in Einzelstunden oder beim Gruppenreiten auf ihre Kosten; in Reitkursen werden schon die Jüngsten mit den Tieren vertraut gemacht. Der Unterricht wird abwechslungsreich auf gut geschulten und gerittenen Pferden gestaltet, wobei nicht nur das Reiten oberste Priorität genießt, sondern auch viel Wissenswertes vermittelt wird. Wenn die Sprösslinge einmal nicht reiten möchten, können sie im großen Garten mit Sandkasten, Trampolin und Klettergerüst toben. Ihre Eltern erholen sich derweil im Wellnessbereich bei Massagen und in der Sauna. Die Praxisgemeinschaft auf dem Weichaer Hof bietet systemische bzw. verhaltenstherapeutische Beratung und Therapie sowie therapeutisches Arbeiten mit Hunden und Pferden an. **www.weichaer-hof.de**

TIPPS & INFOS

FREIZEIT: In der Umgebung empfehlen sich der Saurierpark bei Bautzen, das Kinder-Spiel-Land in Görlitz oder der Irrgarten Kleinwelka als Ausflugsziele. Erfrischend wirkt eine Bootsfahrt auf der Neiße. In der Krabat Milchwelt dreht sich alles um das gesunde Lieblingsgetränk.

NATUR: Die Oberlausitzer Heide- und Teichlandschaft verheißt ein ungetrübtes Naturerlebnis. Ob Teiche im Biosphärenreservat, Altwasser oder Altarme, Bruch- oder Kiefernwälder, Zwergstrauch- und Ginsterheiden, Dünen oder Sandmagerrasen – hier gibt es eine große Vielfalt an unterschiedlichen Biotopkomplexen zu entdecken.

INFO: **www.oberlausitz.de**

Weite und Gemütlichkeit,
Langsamkeit und Genuss,
Schönheit und Natur …

Erste Reitversuche sind etwas Wunderbares.

43 KÜSELHOF UND REITERHOF WITT

Eine gute Adresse für feine Ferien

Küsel ist plattdeutsch und bedeutet Wirbel bzw. Wirbelwind. Passend zum Namen präsentiert sich der Küselhof als ein moderner Ferien- und Reiterhof im Ortsteil Wulfen auf der Insel Fehmarn. Auf dem Hof sorgen etwa 35 Pferde und Ponys für das Glücksgefühl auf dem Pferderücken. Rund um die Ferienwohnungen und Ferienhäuser liegen Pferdekoppeln mit großen und auch ganz kleinen Pferden, die Reithallen und ein Gehege mit Kleintieren wie Meerschweinchen und Kaninchen, die sich über die Zuneigung der Kinder freuen. Hier kann man Reitstunden für Einsteiger und Fortgeschrittene nehmen, es gibt Ausritte zum Strand für fortgeschrittene Reiter, aber auch »Schnuller- und Zahnlückenwochen« für die jüngsten Gäste im Alter von zwei bis sechs Jahren. Geländeritte, Reitstunden und Lehrgänge werden allerdings nur für die Hausgäste und die einheimischen Inselkinder angeboten. Die mitgebrachten großen Vierbeiner kommen in Gastboxen unter. Direkt auf dem Hof gibt es einen kostenlosen Waschsalon, zwei großzügige Gärten mit Strandkörben, Grillterrassen sowie Spielbereiche für die ganze Familie. Der Nachwuchs amüsiert sich zudem auf dem Trampolin, mit Sandkasten, Schaukel und Rutsche sowie in der Nordscheune mit ihrem kleinen Indoor-Spielbereich – falls mal Schietwetter herrscht. Reiter sind auf dem Küselhof genauso willkommen wie Surfer, Kiter und Golfer. **www.kueselhof.de**

»PFERDE UND PONYS SORGEN FÜR DAS RICHTIGE GLÜCKSGEFÜHL.«

TIPPS & INFOS

FREIZEIT: Am Angebot für Sportler herrscht auf der Insel kein Mangel: Der Golfplatz Wulfen, Kiten oder Windsurfen sorgen für aktive Abwechslung. In nur 15 Minuten erreicht man zu Fuß die nahegelegene Steilküste und den reizvollen Naturstrand Wulfen. Die Stadt Burg mit allen Einkaufsmöglichkeiten liegt ebenfalls nur drei Kilometer entfernt.

NATUR: Ostseestrände, Wanderwege und viele Ausflugsziele wie das Naturschutzgebiet Graswarder bei Heiligenhafen, das Haus der Natur oder der Hansa-Park locken in die schöne Umgebung.

INFO: **www.ostsee.de/insel-fehmarn**

44 GESTÜT HOF AM SEE

Der Vier-Sterne-Hof

Die malerische Holsteinische Hügellandschaft erstreckt sich bis zur Ostsee mit dem berühmten Timmendorfer Strand – und mittendrin erhebt sich der Hof am See. Die Wiesen und Wege des Gestüts grenzen direkt an den idyllischen Hemmelsdorfer See mit eigenem Bade- und Angelsteg. Früher holten sich auf den saftigen Seewiesen des Gestüts vor allem Renn- und Turnierpferde die nötige Kraft für große Rennen. Heute kann man hier sowohl einen See- als auch einen Natur-, Reit-, Tier-, Strand-, Meer- und selbst einen Shoppingurlaub verleben. Wer will, kann sogar alles an einem Tag miteinander verbinden.

Das Gestüt Hof am See bietet beste Voraussetzungen, um jede Menge Spaß mit Pferden zu erleben. Ob im Sommer auf den meist am See gelegenen Tag- und Nachtweiden, ob beim stundenweisen Koppelgang, an der Freilaufführmaschine, auf der Galoppbahn direkt am See, in der Reithalle, dem Dressur- und Springsandplatz, auf sechs großen Paddocks oder der Longierhalle – hier finden sich optimale Bedingungen, um »das Glück der Erde« zu finden. Mit etwa 70 Pferden, von ganz kleinen Shetties und sportlichen Welsh-Cobs über springfreudige Holsteiner bis hin zu kräftigen Tinker Shire Horses macht der Hof seine Gäste mit verschiedenen Pferderassen vertraut. Nicht zu reden von den Zwergponys, der Zwergziege Emily und der Hofhündin Frida, die alle gerne gestreichelt und geknuddelt werden wollen. Egal, ob Anfänger oder Fortgeschrittene, Longe, Dressur oder Springen – auf dem Hof lässt sich viel lernen. Die jüngsten Reiteinsteiger werden auf den Ponys Peter, Paul, Blondie, Fabi und Mozart von ihren Eltern auf Ausführrunden begleitet. Wer seinen Pony-Führerschein machen möchte, muss praktische und theoretische Fragen beantworten können wie zum Beispiel: Was ist, wenn der Tierarzt kommen muss? Wie hole ich ein Pony vom Paddock? Wie kratze ich die Hufe aus? Oder: Wie sitze ich richtig auf dem Pony? Der Stoff wird liebevoll und kindgerecht erarbeitet. Fortgeschrittene reiten an der Longe und erhalten Gruppenunterricht. Die Strandausritte von Oktober bis April sind unvergessliche Höhepunkte, und auch das große Reitwandernetz ab Hof wird für Ausritte genutzt. Die Vielseitigkeitsreiter probieren sich auf dem Reiterpark Max Habel ganz in der Nähe. So ist hier für jedes Pferd und jeden Reiter etwas dabei. **www. gestuet-hofamsee.jimdo.com**

Traumhafte Ausritte am spiegelglatten Hemmelsdorfer See. Bei schlechtem Wetter geht es ab ins Heu.

TIPPS & INFOS

FREIZEIT: Der Ortskern und der feinsandige Beach des Timmendorfer Strandes liegen nur wenige Fahrradminuten vom Hof entfernt und sind zu Fuß problemlos zu erreichen. Auch sonst hat die Lübecker Bucht viel zu bieten. Am besten lädt man sich die gleichnamige App aufs Handy – und ist damit perfekt ausgerüstet. Dann findet man mühelos die Fischbrötchenstraße und die besten Plätze zum Windsurfen, Katamaransegeln oder fürs Stand-up-Paddling.

RAD/WANDERN: Die Region lädt zu ausgiebigen Touren ein, die durch eine vielfältige Natur führen wie die GPS-Fischwanderung »Vom Süßwasser zum Salzwasser«.

INFO: **www.timmendorfer-strand.de**

45 PFERDEHOF KINDERMANN

Landleben auf Zeit

Schluss mit dem Alltagsstress und raus aufs Land! Thüringen ist bekannt für seine zahlreichen Burgen und Schlösser und die waldreichen Landschaften. Einen entspannten Landurlaub mit viel Ruhe und unvergesslichen Tagen erlebt man auf dem Pferdehof Kindermann in Wasungen am Ortsrand von Metzels. Hier toben die Kids bei jedem Wetter in der großen Scheune mit Heuhüpfburg herum oder entern das Piratenschiff, das direkt neben dem Sandkasten auf der Spielwiese vor Anker gegangen ist. Neben Hund und Katze gibt es auf dem Hof Hasen, Wollschweine, Ponys, Pferde und ein Eselchen – lauter Tiere, mit denen die Gäste ungestört vom ersten Hahnenschrei bis zum Sonnenuntergang spielen, herumtollen und knuddeln können. Oder man genießt eine Kutschfahrt durch alte Buchenwälder mit einem feinen Picknick am Bach unter Tannen. Natürlich kommt auch bei den Kindermanns das Reiten nicht zu kurz. Der Hof ist zudem eine Wanderreitstation und bietet Boxen mit Außenpaddocks und einen Reitplatz. Traumhaft sind die Ausritte zum Berg Dolmar, von dem sich eine herrliche Aussicht auf die Umgebung eröffnet. Außer der Ferienwohnung kann man sich einen Rummelwagen oder Heuschlafkammern mieten.
www.pferdehof-kindermann.de

TIPPS & INFOS

FREIZEIT: Bei so viel Natur ringsum liegen die besten Aktivitäten direkt vor der Haustür – wie das Kanufahren auf der Werra, das Baden in den Talsperren im Saale- und Vogtland oder der Urwald und die rustikalen Dörfer in der Region Wartburg-Hainich mit dem Baumkronenpfad.
RAD/WANDERN: Hier zu wandern bedeutet, faszinierende Panoramaausblicke zu sammeln und dichtbewaldete Höhen, idyllische Täler und sanft geschwungene Höhenzüge zu erkunden, etwa auf dem Rennsteig, Deutschlands bekanntestem Wanderweg, oder einer der vielen Nebenstrecken. Der Werratal-Fernradweg führt von der Quelle quer durch ganz Thüringen.
INFO: **www.thueringen.info**

KÄNGURU, ALPAKA UND CO.

Außergewöhnliche Tiere auf dem Bauernhof

Was gibt es Schöneres, als den ganzen Tag auf dem Bauernhof mit Tieren zu verbringen? Auf den meisten Höfen findet man Pferde, Ponys, Kühe, Schweine, Schafe, Hühner, Kaninchen, Katzen und Hunde. Seit einiger Zeit allerdings kann man auch Tiere aus anderen Ländern oder fast ausgestorbene Rassen (wieder)entdecken. Speziell Alpakas mit ihren schwarzen Augen und langen Wimpern haben es den Menschen angetan und sind gern gebuchte Begleiter für Spaziergänge.

Alpakas sollen eine beruhigende Wirkung auf Menschen haben.

FERIENGUT DALWITZ
Urlaub machen, wo die Mecklenburger Gauchos wohnen! Das FerienGut Dalwitz bietet besondere Ferien durch die Criollo-Pferdezucht. Außerdem wird hier ökologischer Landbau betrieben und südamerikanisch gekocht. www.feriengut-dalwitz.de

HUBERTUSHOF SCHÖNBACH
Viele Tiere leben auf dem Hubertushof Schönbach in der Vulkaneifel – vor allem aber die Alpakas Max und Moritz. Beide sind sehr interessiert, aber auch ein bisschen schüchtern. Sie brauchen etwas Zeit, um Vertrauen zu gewinnen. www.hubertushof-schoenbach.de

HOF ERLENBRUCH
Im Wildenburger Land werden auf dem Hof Erlenbruch Alpakas gezüchtet und Alpakawanderungen angeboten. Direkt ab dem Hof geht es dabei über Waldwege und satte Wiesen. www.hof-erlenbruch.de

LUMINOHOF
Ungewohnter Anblick im Käbschütztal in der Nähe von Meißen: Auf dem Luminohof leben neben Alpakas auch Kängurus. Ein Highlight ist die morgendliche Fütterung der Tiere, an der Gäste teilnehmen können. www.luminohof.de

ZIEGENHOF
Der Name verrät alles: Auf dem Ziegenhof bei Gerbstedt kümmert sich eine Herde von 40 Ziegen, Burenziegen und Zwergziegen, um die Landschaftspflege. Wenn ein Zicklein zur Welt kommt, ist die Begeisterung bei den kleinen Gästen der Familie Voigt groß. www.burenziegen-pfeiffhausen.de

SIMMERNHOF
Im oberpfälzischen Landkreis Schwandorf kann man auf dem Simmernhof mit den außergewöhnlichen und feinfühligen Alpakas eine Tour mit Halfter und Leine oder eine geführte Wanderung unternehmen. www.simmernhof.de

GEORGENHOF
Der Georgenhof liegt im Voralpenland und unterstützt aktiv den Erhalt der liebenswerten, aber manchmal auch sturen Murnau-Werdenfelser Rinder, die fast schon ausgestorben waren. www.georgenhof-urlaub.de

HUSSNHOF
Auf dem Ferienbauernhof Hussnhof im Tölzer Land leben neben der vierbeinigen Hauptattraktion, den kuscheligen Alpakas, auch noch viele andere Tiere. www.hussnhof.de

HABERJOCKELSHOF
Im schönsten Schwarzwald sind auf dem Haberjockelshof neben Alpakas auch Wagyu-Rinder zu Hause. Sie haben ihren Ursprung in Japan in der Region Kobe und sind für ihr exzellentes Fleisch bekannt. www.haberjockelshof.de

ALPAKAHOF BAD HINDELANG
Frei nach dem Motto »Ein Leben ohne Alpakas ist möglich, aber nicht sinnvoll« verfährt der Alpakahof Bad Hindelang und bietet Wanderungen mit den flauschigen Begleitern durch die schöne Allgäuer Natur an. www.alpakahof-wechs.de

Sieht nicht so aus, ist aber ein Exot: ein Criollo-Pferd.

Einheimische Schönheit – ein Murnau-Werdenfelser Rind

Uns geht es gut – viel frische Luft und genügend Platz

NACHHALTIG VERREISEN

Wertschätzung der Natur – Biobauernhöfe

Im hektischen Alltagsleben bleibt oft zu wenig Zeit, Lebensmittel bewusst einzukaufen. Produkte mit den Siegeln BIO, Demeter, Bioland oder Naturland stehen inzwischen bei fast allen Discountern im Regal. Um herauszufinden, was diese Siegel wirklich bedeuten, hilft es, mit den Kids an den Anfang der Produktionskette zu gehen: auf einen Biobauernhof. Hier kann man hautnah erfahren, nach welchen Prinzipien Biohöfe arbeiten, was sie von der konventionellen Landwirtschaft unterscheidet und welchen Beitrag zum Umwelt- und Klimaschutz sie leisten.

Mit Kindern den Biobauern über die Schulter schauen; gemeinsam viel Interessantes über seine alltägliche Arbeit lernen und jahrhundertealtes Wissen über Kartoffelsorten oder Rinderrassen erfahren, das man so – aus erster Hand – nirgendwo sonst erhalten hätte. Das alles kann man auf einem Biobauernhof erleben und dabei regionale und ökologisch angebaute Produkte genießen. Gleichzeitig erhält die ganze Familie wichtige Einblicke in die Welt der nachhaltigen Landwirtschaft.

Spätestens am Ende der Ferien auf dem Biobauernhof wissen Eltern und Kinder, dass Biohöfe einen wichtigen Beitrag zum Klimaerhalt und zum Umweltschutz leisten. Und mit diesem geschärften Bewusstsein, wo Lebensmittel wie Milch, Fleisch, Käse, Obst, Honig, Gemüse und Getreide herkommen und wie viel mühevolle Arbeit in ihrer Produktion steckt, bringt man den Produkten und ihren Erzeugern eine größere Wertschätzung entgegen. Es lohnt sich!

TOP 5 DER BIOBAUERNHÖFE

Schümannhof – hier finden sich Mensch und Tier im Einklang mit der Natur. Der Hof achtet auf Menschlichkeit und soziales Engagement.

Biolandferienhof s'Fleckli – nicht daheim und doch zu Hause, lautet das Motto. Allerdings ticken hier die Uhren ein bisschen anders!

Warfthof Wollatz – ein Urlaubsparadies hinter Nordseedeichen: Dank frischer Meerluft zur Ruhe kommen, entspannen und Kraft tanken

Andrebauernhof – mit viel Spaß und Abenteuer das Leben auf dem Land mit vielen Tieren kennenlernen

Gut Boltenhof – fernab vom Alltagsstress findet man auf dem Gutshof den richtigen Platz, um Gedanken zu säen und Erholung zu ernten.

Pate für Hoftiere zu sein
macht richtig Freude!

Ob Sommer oder Winter, s'Fleckli ist immer einen Besuch wert.

46 BIOLANDFERIENHOF S'FLECKLI

Hier ticken die Uhren anders

Der original Schwarzwälder Biobauernhof liegt auf der Passhöhe Heidburg in Elzach und wird mittlerweile in sechster Generation bewirtschaftet. Hier gehen die Uhren ein bisschen anders: Denn der über 115 Jahre alte Familienhof versteht sich als Aufzuchtstation für Tierfindelkinder. Viele verschiedene Tiere werden hier aufgenommen und großgezogen, und keines muss befürchten, geschlachtet oder verkauft zu werden – vielmehr nimmt man sie als neue Familienmitglieder auf. Die verschiedenen Tiere leben artgerecht in weiträumigen, rund einen Hektar großen Gehegen. Die kleinen und großen Gäste des Hofs haben jederzeit Zutritt zu den Tieren. Man kann Patenschaften übernehmen oder im Urlaub als Pate auf Zeit den Hoftieren das Leben mit Streicheln, Bürsten, Knuddeln und Spazierenführen verschönern oder mit kleinen Leckereien versüßen. Momentan leben die Hündin Ivy, die Katzen Franziskus und Nuit, die Häschen Kiki, Schneeweißchen, Pink Muffin und Hoppel, die Heidschnucken Sprotte, Blässi, Julie, Sandy, Toddy und Luna, die Zwergziegen Lala und Lili, der Hahn Konstantin und seine 30 Damen, die drei Lauf-Enten Tick, Tack und Tuck und fünf Wildenten, die Gänse Fridolin mit Frieda, die Haus-Igelin Stachel, die Wasserschildkröten Hilde und Hans und die Zwergesel Pearl und Filou auf dem Hof. Die Kids spielen und toben ungestört, frei und gefahrlos umher, beobachten und erforschen die Natur und den Wald, entdecken die Bewohner des Bachs, während sie das Wasser stauen. Sie sammeln Holz fürs Lagerfeuer zum Grillen von Stockbrot, Brot, Kartoffeln und Würstchen oder um einen Holzstock zu schnitzen. Es gibt einen Fuhrpark mit Kettcar, Trike-Laufräder und allem, was fährt, außerdem Brett-, Tisch- und Ballspiele, Puppenhäuschen, das Spielhaus zum Basteln, Klecksen, Kleben und Malen sowie den Spielplatz mit mehr als 15 Geräten, das übergroße Trampolin mit Sicherheitsnetz und noch zwei Rutschen. Langeweile hat auf dem Bioferienhof keine Chance. Aber auch für die Erholung der Erwachsenen ist gesorgt. Ein Fitnessraum mit mehr als zehn Geräten steht zur Verfügung, dazu ein Ruheraum mit Wellnessaromen und Stimmungsleuchte, Sauna, Solarium, Dampfdusche, ein solarbeheizter Außenpool, ein Wasserplanschplatz und ein Bioteich, der wie auch die Liegen in den Garten- und Parkanlagen zum Entspannen einlädt. Im hofeigenen Heilkräutergarten erfährt man von den Gastgebern Wissenswertes über alte Hausrezepte, die Körper und Geist stärken und schonend wiederaufbauen. Jeder Morgen startet mit einem leckeren Frühstück mit eigenen und regionalen, vegetarischen Produkten. Und wer umweltbewusst im Elektroauto anreist, findet hier neuerdings sogar eine Ladestation.
www.s-fleckli.de

»NICHT DAHEIM UND DOCH ZU HAUSE«

Biolandferienhof S'Fleckli

TIPPS & INFOS

FREIZEIT: Der von der DLG 2018 als Ferienhof des Jahres ausgezeichnete Hof liegt nicht weit von den beliebtesten Ausflugszielen des Schwarzwalds entfernt: Dazu zählen die Triberger Wasserfälle, Titisee und Schluchsee, der Feldberg, die Dorotheenhütte der Glasbläserei Wolfach, der Wildpark Steinwasen, der Europa-Park Rust und der Kaiserstuhl. Stippvisiten beim Rheinfall in Schaffhausen, am Bodensee oder den nahen Vogesen, in Colmar und Straßburg oder in der Schweiz sind als Tagesausflüge machbar.

INFOS: **www.schwarzwald.de**

Ländliches Ferienparadies zum Wohlfühlen, Träumen und Genießen

47 FERIENBAUERNHOF GSCHWINGHOF

Idyllische Schwarzwaldlandschaft

Inmitten einer idyllischen Schwarzwaldlandschaft mit Bergen und Tälern, Seen und Flüssen, Schluchten und Hochebenen, sanften Weinbergen und steilen Felsen liegt auf rund 1000 Metern Höhe in St. Peter der Gschwinghof. Der Aufenthalt im Biobauernhof ist im Sommer wie im Winter ein Erlebnis! Herzliche Gastfreundschaft und eine gute Beköstigung gehören hier genauso dazu wie komfortable Unterkünfte und ein authentischer Hofalltag. Auf dem Gschwinghof leben Kühe, Kälbchen, Hühner, Enten, Hasen, Katzen, die sich über einen Besuch der großen und kleinen Gäste freuen. Auf den beiden Mini-Ponys Max und Moritz können die Kinder die Umgebung erkunden, wenn sie nicht gerade Tischtennis spielen, Trampolin, Schaukel und Rutsche nutzen oder in der Sandkiste spielen. Die Erwachsenen finden auf der großen Wiese zahlreiche Plätze zum Ausruhen oder um einfach mal wieder gemütlich ein Buch zu lesen. Abends wird am urigen Grillwagen gegrillt und Stockbrot gebacken. Hier erlebt man naturnahe Glücksmomente, herzerfrischend und ursprünglich.
www.gschwinghof.de

TIPPS & INFOS

RAD/WANDERN: In direkter Hofnähe führen Wander-, Nordic-Walking- und Mountainbike-Strecken am Plattensee, einigen Wasserfällen und Bannwaldgebieten vorbei.
FREIZEIT: In der näheren Umgebung liegt die Barockkirche in St. Peter, die Stadt Freiburg mit ihren Bächle, der Schwarzwaldzoo in Waldkirch, die längste Hängebrücke von Europa bei Oberried, die Triberger Wasserfälle, das Museum Vogtsbauernhof in Gutach und der Europa-Park in Rust. Im Winter locken die Hochwaldloipe und der Rodelhang direkt vor der Haustür. Alpiner Skilauf ist auf den nahe gelegenen Bergen Kandel, Thurner und Feldberg möglich.
INFO: **www.schwarzwald.de**

Urlaub im Einklang mit der Natur in den Chiemgauer Alpen

48 ANDREBAUERNHOF

Anerkannter Gesundheitshof

In Inzell im Chiemgau befindet sich in idealer Ausflugslage zwischen Tirol, dem Salzburger und dem Berchtesgadener Land der Andrebauernhof. Seit 1997 erfüllt er als Biohof die strengen Anforderungen der Naturlandrichtlinien. Heute leben rund 20 Milchkühe, 30 Kälber und Jungrinder, zwei Shetlandponys, Zwergziegen, Hasen, Hühner, Enten und Katzen auf dem Hof. Die Gäste können beim Melken jederzeit zuschauen und beim Füttern der Kälber helfen. Eine große Spielwiese, Spielzimmer, Schaukel, Wipptier, Rutsche, Kletterwand, das riesige Trampolin mit Fangnetz, Sandkasten und ein kleiner Fuhrpark mit Trettraktor, Roller, Kettcar, Dino-Car, Bollerwagen, Fahrrädern und Bobby-Cars stehen für die Kids zum Toben und Spielen bereit. Die Großen gönnen Körper und Geist derweil eine wohlverdiente Auszeit und entspannen im Wellness-, Fitness- und Saunabereich. Wer möchte, besucht die Boider Alm, die zum Hof gehört, oder bringt jahrhundertealtes Wissen über heimische Waldkräuter in Erfahrung: Die Bäuerin ist Kräuterpädagogin, sie kennt die Kräutergeheimnisse aus dem Bauerngarten und weiß sie in Kochrezepten, Kräuterbädern, Tinkturen, Tees und Kräutersalben einzusetzen. **www.andrebauernhof.de**

TIPPS & INFOS

FREIZEIT: Alle Gäste erhalten die Chiemgaukarte Ruhpolding-Inzell mit einigen kostenlosen Leistungen. Sommers wie winters können sowohl sportlich Aktive als auch Gäste, die es eher gemütlich angehen lassen wollen, rund um den Eissportort Inzell eine Menge entdecken. Weitere Highlights warten in der Nähe wie der Königssee bei Berchtesgaden, die Eisriesenwelt Werfen oder das Dokumentationszentrum Obersalzberg.

RAD/WANDERN: Ob man in aller Früh den Rucksack packt, die Wanderschuhe schnürt und einen Gipfel erklimmt oder stundenlang geheimnisvolle Schluchten durchwandert – beides ist mit und ohne Kinder im Rupertiwinkel und den Chiemgauer Alpen möglich.

INFO: **www.inzell.de. www.oberbayern.de**

Urlaub inmitten von Wiesen, Wäldern und der Grasleitner Moorlandschaft

49 GUT GRASLEITEN

Insel abseits vom Stress

Zwischen München und Garmisch-Partenkirchen im malerischen Pfaffenwinkel liegt das Gut Grasleiten, eine ehemalige Schwaige des Klosters Polling, nahe den Orten Huglfing und Uffing. Der Grünlandbetrieb ist umgeben von großen Wäldern und grenzt an die Grasleitner Moorlandschaft, ein ökologisch wertvolles Hochmoor- und Streuwiesengebiet. Seit mehr als 20 Jahren bewirtschaftet das Gut 65 Hektar Wiese und Weide, 50 Hektar Wald und fünf Hektar Teich und Hofflächen nach den Richtlinien des biologischen Landbaus. Es gibt etwa 40 Mutterkühe mit Kälbern sowie 50 Mastrinder zur Fleischerzeugung, die den ganzen Sommer lang auf den Weiden stehen. Der überwiegende Teil der Mastrinder geht an eine Firma in Kempten, nur ein kleiner Teil wird direkt ab Hof vermarktet. Die Waldpflege ist traditionell die Arbeit in den Wintermonaten. Das Starkholz wird als Bauholz verkauft und das Schwachholz zu Rundholzprodukten verarbeitet, natürlich findet das Holz auch für die eigenen Gebäude Verwendung. Unterhalb des Hofs wurde ein Löschteich angelegt, in dem man heute baden und angeln kann. Gleichzeitig entstanden dabei auch neue Fischteiche mit Karpfen, Forellen, Hecht oder Zander. Gäste mit Angelschein können hier ihr Glück versuchen. Regenbogenforellen werden ebenfalls ab Hof frisch oder geräuchert verkauft.

»ERZÄHLE MIR UND ICH VERGESSE. ZEIGE MIR UND ICH ERINNERE MICH. LASS ES MICH TUN UND ICH VERSTEHE.«

Konfuzius

Nach dem Motto »Weg vom Alltag mit Computer und Spielekonsole – raus in die Natur« sieht das Gut den Bauernhof, die Wiesen und Wälder als größte Schatzkiste, die man den Kindern öffnen kann. Bewusster mit Tieren und der Natur umgehen – so lassen sich die Bauernhof- und Landerlebnisse auf Gut Grasleiten zusammenfassen. Die großen und kleinen Gäste sehen unmittelbar, wie Landwirtschaft in Wirklichkeit abläuft, wie Lebensmittel produziert werden und wie viel Arbeit dafür notwendig ist. Die Kids helfen Bauer Alois beim Füttern der Kühe, sie fahren auf dem Traktor mit und können vielleicht auch bei der Geburt eines Kälbchens dabei sein. Pony Wicky und die Esel Suleike und Camillo leisten auf einem Spaziergang Gesellschaft. Hofhund Luna ist eine ständige Begleiterin, und falls sie nicht gerade Mäuse fangen, lassen sich auch die Katzen gerne streicheln. Die Hasen im begehbaren Hasenstall freuen sich auf Futter und die Schafe und Ziegen auf der Weide über einen Besuch. Wer Lust hat, eine Grasleitner Forelle am Lagerfeuer zu grillen, kann sie gemeinsam mit Bauer Alois fangen und ausnehmen. **www.grasleiten.de**

TIPPS & INFOS

NATUR: Der Naturpark Ammergauer Alpen und die als Blaues Land bekannte Region fasziniert mit weißblauem Himmel, der sich im klaren Wasser von Staffelsee, Riegsee und Froschhauser See spiegelt. Dahinter erheben sich das Ester- und Ammergebirge und der Wetterstein mit der Zugspitze.

FREIZEIT: Der DLG-Ferienhof des Jahres 2019 liegt in der Nähe des Staffelsees und des verträumten Marktes Murnau. Streifzüge durch die Region stecken voller Erlebnisse: Etliche Klosterkirchen lohnen den Besuch wie Andechs, Benediktbeuern, Bernried, Dießen, Ettal, Polling, Rottenbuch, Steingaden und Wessobrunn, aber auch Schlösser wie Linderhof oder Neuschwanstein und Museen wie das Buchheim-Museum in Bernried oder das Franz-Marc-Museum in Kochel.

INFO: **www.dasblaueland.de**

Mütterliche Fürsorge
im Kuhstall

Ein Besuch im GUTess und im Hofladen machen glücklich.

50 GUT BOLTENHOF

Ein Gutshof für Genießer

Gutes liegt oft näher, als man denkt – das gilt auch für den Biohof Gut Boltenhof inmitten der Ruppiner Seenlandschaft in Fürstenberg an der Havel. Um dorthin zu gelangen, muss man nur einer Straße folgen, die aussieht, als sei nach der nächsten Kurve das Ende der Welt erreicht. Ein Trugschluss – wartet im ehemaligen Rittergut doch eine unvergessliche Zeit für die großen und kleinen Gäste. Hier findet sich die ideale Umgebung für einen entschleunigten und trotzdem ereignisreichen Aufenthalt. Man kann Bauer Uwe beim Füttern der vielen Tiere – Schafe, Ponys, Esel, Ziegen und freilaufende Hühner, Gänse und Enten – helfen oder dabei, das Heu einzuholen. Aber auch Faulenzer sind willkommen, die in Ruhe ein Buch lesen möchten. Ein interessantes Projekt auf dem Gut nennt sich Brandenburger Zimmer. Eines der Hotelzimmer wurde von der Produktdesignerin Bernadette Wüchner umgestaltet. Zusammen mit Brandenburger Handwerkern und Manufakturen sind Einrichtungsgegenstände mit regionalem Bezug entstanden. Aber auch kulinarisch wird einiges geboten, denn das Gutsrestaurant GUTess leiten zwei Spitzengastronome aus Berlin. Im Hofladen findet man viele Produkte aus eigener Herstellung und von regionalen Partnern. Im Gutshaus warten morgens frische Brötchen und im GUTess ein reichhaltiges Frühstück auf hungrige Gäste.

www.gutboltenhof.de

TIPPS & INFOS

FREIZEIT: Das Fürstenberger Seenland mit vielen Attraktionen wie dem Müritzeum, Schloss Meseberg oder der Augenweide Wolfsruh bietet viel Abwechslung. In einer der wasserreichsten Regionen Deutschlands kann man natürlich auch angeln, baden, Boot fahren oder paddeln.

RAD/WANDERN: Kilometerlange Radwege beginnen direkt vor der Haustür. Zur Auswahl stehen Abschnitte internationaler Strecken wie Berlin–Kopenhagen, historische Verbindungen wie die Königin-Luise-Route oder der Havel-Radweg. Ausgedehnte Wälder, Moore und viele Gewässer laden zu Tagesausflügen und die Etappen überregionaler Touren zu Wanderungen ein.

INFO: **www.fuerstenberger-seenland.de**

Zu jeder Jahreszeit einladend: der Behringhof in Brandenburg.

51 Behringhof am Gamengrund

Wo sich Kinder wohlfühlen

Im Seenland Oder-Spree, nur rund eine Fahrstunde nordöstlich von Berlin liegt der Behringhof am Gamengrund in der Gemeinde Höhenland. Seit dem Jahr 1997 wurde rund ein Drittel der Eigentumsfläche des Hofs neu angepflanzt: Aus Ackerland entstanden 6,6 Hektar Streuobstwiesen, 2,2 Kilometer Hecken und 12,8 Hektar Aufforstungsfläche. Auf dem Bioland-Bauernhof leben heute handzahme Minischweine, Hunde, Katzen, Kaninchen und Hühner. Rund um die Hofstelle werden auf den Weiden und Wiesen mehrere Schafherden mit Mutterschafen und Lämmern gehalten und geben ein idyllisches Bild ab für gestresste Großstädter. Zum Toben und Spielen stehen für die Gästekinder ein großer Spielplatz sowie eine Spiel- und Backsteinscheune bereit. Die Liegewiese lädt zum Verweilen ein, und der nahe gelegene Badesee mit einem kleinen Sandstrand ist bequem zu Fuß zu erreichen. Tägliche Highlights sind das Füttern der Tiere, das abendliche Lagerfeuer und Spaziergänge über die Streuobstwiesen oder zum See. Der Duft nach gewachstem Holz und der Charme alter Brandenburger Baukunst garantieren eine behagliche Wohnatmosphäre in den Ferienwohnungen. Die leckeren eigenen Erzeugnisse wie Lammfleisch, Wurst, Getreide oder Apfelsaft werden ab Hof verkauft. **www.behringhof.de**

Tipps & Infos

FREIZEIT: Für den reitbegeisterten Nachwuchs liegt der Kinderreithof Auf der Höhe ganz in der Nähe. Daneben bieten sich im Umkreis über 300 Seen zum Baden an, es gibt Thermen und Bäder wie das »Schwimm- und Wasserparadies schwapp« in Fürstenwalde oder das Inselbad Eisenhüttenstadt.

KULTUR: Kunst und ein kurzweiliges Veranstaltungsprogramm bieten die Kleinstädte Beeskow, Bad Freienwalde, Storkow oder Steinhöfel.

RAD/WANDERN: Die meisten Wege führen an schönen Seen oder den Flüssen Oder und Spree entlang wie der Oder-Neiße- und Oderbruchbahnradweg, der Schaubetal-Wanderweg oder die Turmwanderung.

INFO: **www.seenland-oderspree.de**

Die Esel freuen sich über kleine Reiterinnen, die Kaninchen übers Knuddeln.

52 HOF CARMSHAUSEN

Perfekt für einen Familienurlaub

Schon die Beschreibung der Lage klingt romantisch: Hof Carmshausen befindet sich im hessischen Bergland, außerhalb der Kirschenstadt Witzenhausen, direkt an der Deutschen Märchenstraße im Naturpark Meißner-Kaufunger Wald. Der nach ökologischen Gesichtspunkten bewirtschaftete Hof hat seit drei Generationen Erfahrungen in der Beherbergung: So lange ist er bereits ein beliebtes Ziel für Familien mit Kindern, Senioren und Urlauber, die einfach nur ausspannen möchten. Die Nebenerwerbslandwirtschaft umfasst rund 15 Hektar Weideland, auf denen Heu und Silage geerntet werden. Die artgerecht gehaltenen Kühe, Pferde, Ziegen und Esel stehen in den Sommermonaten Tag und Nacht auf der Weide und ernähren sich ausschließlich von Gras. Aber natürlich verbleiben genügend Tiere auf dem Hof, die gestreichelt und gefüttert werden wollen: Hühner, wie die vom Aussterben bedrohten Bergischen Schlotterkamm-Hühner oder die Vorwerkhühner, Ferkel, Enten und Kaninchen. Außerdem bringen der Spielplatz, die Kinderspielzimmer, der flache Bachlauf und die vielen Spielfahrzeuge Kinderaugen zum Leuchten. Die Großen entspannen derweil auf der Gartenterrasse oder in der Sauna und lassen sich den selbstgebackenen Kuchen schmecken. Wer möchte, kann auch einiges über ökologischen Landbau lernen, denn der geprüfte EU-Biohof erzeugt den überwiegenden Teil der Lebensmittel selbst.

www.hof-carmshausen.de

TIPPS & INFOS

FREIZEIT: Im sogenannten Frau-Holle-Land liegen zum Beispiel die Fachwerkstädte Bad Sooden-Allendorf oder Eschwege, der Bärenpark Worbis, der Badesee Hundelshausen, das Mineralwasser-Freibad Witzenhausen oder der Erlebnispark Ziegenhausen.

RAD/WANDERN: Der Werratal-Radweg ist der beliebteste Radweg der Umgebung, aber längst nicht der Einzige. 24 Wanderwege wie der Werra-Burgen-Steig Hessen und der GrimmSteig laden dazu ein, die schönsten Ecken des Geo-Naturparks zu Fuß zu erkunden.

INFO: **www.naturparkfrauholle.land**

»WIE KOMMT DIE MILCH AUS DER KUH IN DEN GROßEN MILCHTANK? GEBEN ALLE KÜHE IMMER MILCH? WARUM GEBEN RINDER KEINE MILCH?«

53 BIO-BAUERNHOF BUNTEKUH

Einblicke in die Landwirtschaft

Am Fuß des Hohen Meißners im hessischen Bergland, nahe der Fachwerkstadt Melsungen, liegt zwischen Hügeln, Wiesen und Wäldern in Spangenberg-Schnellrode der Bio-Bauernhof Buntekuh. Hier können große und kleine Gäste den Alltag in der Landwirtschaft hautnah miterleben und eine Runde auf dem großen Schlepper mitfahren, die kleinen Eckballen für die Schafe pressen und aufgabeln, die Kühe von der Weide holen oder beim Melken zuschauen. Sind Kälbchen zu versorgen, darf man es selbst einmal versuchen, die Tiere mit Milch aus den Nuckeleimern zu füttern. Wer möchte, bekommt hier ein echtes Wissenspaket in biologischem Landbau: Wie kommt die Milch aus der Kuh in den großen Milchtank? Wie oft kommt das Milchauto, und was passiert dann? Geben alle Kühe immer Milch? Und wie viel? Warum geben Rinder keine Milch? Wenn die Kids Glück haben, erleben sie vielleicht die Geburt eines Kälbchens mit oder sie sind beim Silomachen oder der Heuernte dabei. An Tieren herrscht jedenfalls kein Mangel: Es leben auch noch Rhönschafe, ein Hund und sieben Katzen auf dem Hof. Technikinteressierte sehen hier die moderne und daneben noch fast historische Aspekte der Landwirtschaft. Außer der Ferienwohnung kann man auch ein rotes Schwedenhäuschen mieten. An der hofeigenen Milchtankstelle lässt sich rund um die Uhr frische Milch zapfen.
www.bio-bauernhof-buntekuh.de

TIPPS & INFOS

WANDERN: Direkt an Schnellrode vorbei führt der Kunstwanderweg Ars Natura mit vielen Kunstwerken. Es gibt Rundwege mit sieben Kunst-an-der-Grenze-Werken wie zum Beispiel die Route Spangenberg–Schnellrode, Felsberg–Gensungen oder Bad Zwesten–Wenzigerode.
FREIZEIT: Die Umgebung hält weitere Sehenswürdigkeiten bereit wie das Schloss Rauischholzhausen, der Berg Hoher Meißner, die Knottenmühle in Rengshausen, das Rotkäppchenland in Schwalmstadt, den WildtierPark Edersee, die Hohenburg in Homberg oder den GEO-Naturpark Frau-Holle-Land in Eschwege.
INFO: **https://u15.hessen.de**

54 BIO-WILDHOF ZACHARIAS

Endlich Urlaub

Auf dem großzügigen Anwesen mit Hofladen in Lalendorf in der Mecklenburger Schweiz liegt der Bio-Wildhof Zacharias. Der Wildhof wird nach den Richtlinien des Verbands Biopark ökologisch bewirtschaftet. Das bedeutet, dass keine Pflanzenschutzmittel und kein Stickstoffdünger auf den Flächen des Hofs eingesetzt werden und dass die Tiere weder Leistungsförderer noch Medikamente erhalten. Auf dem fast 21 Hektar einnehmenden Gelände in einer abwechslungs- und wasserreichen, hügeligen Landschaft, unterbrochen von kleinen Gehölzgruppen, leben durchschnittlich 120 Stück Rotwild in einem Großgehege. Hier kann man auch stattliche Hirsche mit einem 30-Ender-Geweih bewundern und die Brunft im Herbst hautnah erleben. Die Gäste in Ferienhaus und Ferienwohnung dürfen mit den Kaninchen, Meerschweinchen, Hühnern, Gänsen und Enten spielen, die im Kleingehege frei herumlaufen. Auf dem riesigen Grundstück, zu dem ein blühender Garten und Teiche gehören, verteilen sich Bänke und Essplätze, ein Grillplatz mit Räucherofen, ein Lagerfeuerplatz am Weiher sowie Rollliegen und Holz-Gartenmöbel, auf denen man je nach Wetterlage einen Platz in der Sonne oder im Schatten findet. Der Hofladen verkauft in Direktvermarktung die leckeren Produkte des Bio-Wildhofs. **www.bio-wildhof.de**

TIPPS & INFOS

FREIZEIT: Die Mecklenburgische Schweiz bietet viele Freizeitmöglichkeiten wie das Baden oder Segeln an der Peene sowie auf dem Kummerower, Malchiner und Teterower See. Auch das Paddeln im Marnowtal oder eine Schifffahrt auf der Peene setzen Akzente im Bauernhofurlaub.

NATUR: Wer gerne draußen ist, kann sich im Naturpark Mecklenburger Schweiz oder im Naturpark Nossentiner/Schwinzer Heide an Fauna und Flora erfreuen.

KULTUR: Städtetrips nach Malchin, Bützow oder Stavenhagen sind von hier aus problemlos möglich. Kunst und Kultur bieten zahlreiche Museen und Galerien wie das Ernst-Barlach-Museum in Güstrow oder die Galerie Teterow.

INFO: **www.mecklenburgische-schweiz.com**

Für alle etwas geboten: Baden, entspannen oder eine Wanderung in abwechslungsreicher Landschaft.

55 BIOHOF DIEMITZ

Umgeben von fünf Seen

Wer Wasser, Wald und Weite sucht, ist in der abwechlsungsreichen Landschaft der Mecklenburgischen Seenplatte richtig. Inmitten der Kleinseenplatte befindet sich das Dorf Diemitz mit seinen fünf Seen, die alle zum Baden einladen. In Fußnähe zum Naturschutzgebiet Wummsee liegt der Biohof Diemitz inmitten ausgedehnter Koppeln. In der DDR als volkseigenes Gut gebaut und für die Tierhaltung genutzt, blickt die Hofstelle auf eine ganz besondere Geschichte zurück. Seit 2015 gibt es auf dem weiten Gelände den Landurlaub Diemitz. In einem ehemaligen Gänsestall wurden sechs Ferienapartments und ein Gemeinschaftsraum ausgebaut. Die fünf einzeln stehenden und immer rasch ausgebuchten Schäferwagen ergänzen das Übernachtungsangebot. Die Strohburg in der Spielscheune ist der Treffpunkt aller Kinder. Hier schauen auch gerne mal Iwan, der Esel, und Miss Moni, der Freigeist unter den Schweinen, vorbei … Der Hof bietet vielen anderen Tieren ein Zuhause: Hühnern, Enten, einer kleinen Schaf- und Ziegenherde, etwa 30 Pferden, Eseln und Ponys, Hasen, Meerschweinchen, Katzen und natürlich Kalle und Olli, den beiden Hunden. Ob auf der Koppel oder im Streichelgehege, alle Tiere sind hautnah zu erleben. Der Biohof Diemitz ist zudem eine sogenannte Nutztier-Arche. Mit dem Rauwolligen Pommerschen Landschaf züchtet der Betrieb eine Schafrasse, die sich durch besondere Genügsamkeit, Gesundheit und Fruchtbarkeit auszeichnet, leider aber zu den im Bestand gefährdeten Nutztierrassen gehört. Zum ökologisch geführten Landwirtschaftsbetrieb gehören außerdem 80 Hektar Weide- und Ackerland. Auf dem kargen Sandboden des Diemitzer Seenlands werden Ackergras, Roggen, Hafer oder auch mal Buchweizen angebaut. Der große Bauerngarten wächst Jahr für Jahr und ist von Bienen, Hummeln, Schmetterlingen und zahlreichen Vögeln bevölkert. Je nach Saison lassen sich dort Gemüse, Obst oder Kartoffeln ernten. Wer sich am Hof körperlich betätigen möchte, ist immer willkommen, denn oftmals braucht es fleißige Helfer, um Zäune zu bauen, zu füttern, Lämmer zu betreuen oder die ersten Früchte der Streuobstwiese mit ihren historischen Obstsorten zu ernten. Der Hof ist in jedem Fall ein Ort für ganz besondere Erlebnisse und Begegnungen, vielleicht sogar ein wenig einmalig.
www.landurlaub-diemitz.com

TIPPS & INFOS

FREIZEIT: Der klare Wummsee, im Naturreservat mit Buchenurwald gelegen, wartet auf Badegäste nur zehn Minuten vom Hof entfernt. Gleichfalls in Fußentfernung liegen Vilz-, Gießenschlag-, Twern- und Rochowsee. Die Mecklenburgischen Kleinseen sind ein Paddelrevier, das sich über eine Gesamtlänge von 140 km erstreckt. Mehrere Anbieter vermieten Flöße.
KULTUR: Einen Besuch wert ist das Schloss Güstrow am Rand der Güstrower Altstadt oder die Burg Klempenow in Breest. Kunstfreunde schauen im Ernst-Barlach-Museum in Güstrow vorbei.
INFO: **www.mecklenburgische-seenplatte.de**

Das weitläufige Hofgelände lädt zum Verweilen ein.

56 HOF KÖHNE

Landwirtschaft zum Mithelfen

Zwischen den Bergen und Tälern, Wiesen und Wäldern der Mittelgebirgslandschaft des Hochsauerlands liegt nahe Schmallenberg der Biobauernbetrieb der Familie Köhne. Das weitläufige Hofgelände wird durch das historische Bauernhaus, die dazugehörigen Scheunen und diverse Ferienhäuser zwischen mächtigen Bäumen geprägt. Hier ist der ideale Ort, um tief ins Bauernhofleben einzutauchen: Im gläsernen Milchviehstall kann man beim Melken und Füttern zuschauen, mithelfen und Wissenswertes rund um die Landwirtschaft erfahren. Gleichzeitig warten Ponys, Ziegen, Kaninchen, Hühner und Minischweine darauf, gepflegt und geknuddelt zu werden. Mehrmals pro Woche finden Ponyausflüge statt. Dabei begleitet eine Reitlehrerin die Knirpse beim Spaziergang durchs Feld. Wenn gerade nichts anderes ansteht, toben die Kids auf den hofeigenen Spielplätzen, die sich auf dem 40 000 Quadratmeter großen Areal verteilen, oder sie spielen in der Riesenstrohburg mit Rutsche. Eine Honigexkursion, die täglichen Planwagenfahrten (jeweils von Mai bis Oktober) oder das abendliche Treiben der Kühe von der Weide sind weitere Highlights des Hoflebens. **www.hof-koehne.de**

TIPPS & INFOS

RAD/WANDERN: Spektakuläre Rad- und Wanderwege wie die Sauerland-Spuren-Natur- und Themenwege oder der SauerlandRadring machen Aktiven Lust auf Bewegung.

FREIZEIT: Ausflüge wie zum Ettelsberg, zur Bilsteinhöhle, nach Assinghausen oder eine Draisinenfahrt sorgen für Abwechslung. Wenn es warm genug ist, geht man über den Barfußpfad Langewiese am Rothaarsteig, zu jeder Zeit kann man sich die Bobbahn in Winterberg ansehen.

KULTUR: Ob nach Altena, der Wiege der Drahtindustrie, oder auf künstlerischer Spurensuche »Kunst und Kyrill« in Schanze – im Hochsauerlandkreis wird Kulturliebhabern einiges geboten.

INFO: **www.sauerland.com**

Eigentlich komme ich aus Schottland, fühle mich aber pudelwohl hier.

57 BIOLANDHOF VON AGRIS

Hof mit Galloways

Ein weiter Horizont und das Gefühl von Freiheit: Das ist der Niederrhein, eine flache Landschaft zwischen Rhein und Maas. Im Kreis Kleve, in der Umgebung der Stadt Goch, liegt der Bio-Landhof von Agris. Der Biolandbetrieb bewirtschaftet Grünland und betreibt Mutterkuhhaltung mit den hübschen, ursprünglich aus Schottland stammenden Galloway-Rindern. Die robusten Tiere mit den dichten Locken gelten als ausgesprochen gesund. Der Hof versucht, den Tieren ein artgerechtes und würdiges Leben zu ermöglichen, genauso wie den bunten Bentheimer Duroc-Schweinen mit den lustigen schwarzen Flecken am ganzen Körper. Sie haben am Hof einen großen Stall mit einer dicken Strohschicht, um sich dort einzukuscheln. Zudem können sie draußen im großen Gehege in und rund um einen Wald ihre Buddelleidenschaft ausleben und dort nach Eicheln suchen. In der barrierefreien und allergikergerechten Ferienwohnung genießen Gäste Landleben pur in gemütlicher Atmosphäre. **www.biolandhof-vonagris.de**

TIPPS & INFOS

RAD/WANDERN: Die flache Landschaft des Niederrheins ist fürs Radeln, beispielsweise auf der Green City Radtour, und Wanderungen, etwa entlang der Niederrhein-Wandertour, wie geschaffen. Rund um Kleve führen der Prinz-Moritz- und der Voltaire-Weg durch die Gärten an der Schwanenburg und den Alten Park zur Grablege des Prinzen.

FREIZEIT: Reitbegeisterte besuchen eine traditionelle Sattlerei, Tierfreunde schauen bei den Reptilien im TerraZoo Rheinberg vorbei und Kulturfans in der Stadt Kempen. Das Fitnessbad Wasserstraelen in Straelen oder die Reeser Schifffahrt empfehlen sich je nach Wetterlage als Tagesausflüge.

INFO: **www.niederrhein-tourismus.de**

Zu wissen, woher die Milch kommt, ist eine grundlegende Bauernhof-Erfahrung.

58 THELENSHOF Den Alltag vergessen

Im Naturpark Nordeifel liegt der Ort Steinfelderheistert, schon mehrfach Gewinner des Wettbewerbs »Unser Dorf soll schöner werden«. Der dortige Biobauernbetrieb Thelenshof ist ein biologischer Milchviehbetrieb im Vollerwerb. Neben den Kühen leben dort auch Kälbchen, Pferde, Ziegen, Hunde und Katzen. Bei viel frischer Luft und reichlich Bewegung erleben die Gäste den Alltag eines Bauernhofs und haben jede Menge Spaß. Sie können beim Melken von der Empore zusehen und sich die Finessen des nagelneuen Melkkarussells erklären lassen. Im Spielhaus mit Rutsche und Sandkasten, Tischtennisplatte, Kettcars, Trettraktoren und auf dem Spielplatz besteht genügend Platz zum Toben. Die Ferienhäuser sind in Holzblockbauweise errichtet und liegen gegenüber dem Bauernhof. Gäste, die gern Milch trinken, dürfen sich jeden Tag 1,5 ganz frische Liter abholen. Wer die Umgebung kennenlernen möchte, leiht sich am Hof Fahrräder aus. Alle Pferdefreunde, die gern einmal mit dem eigenen Vierbeiner verreisen möchte, haben auf dem Thelenshof die Möglichkeit, ihre Tiere zeitweilig einzustellen. **www.thelenshof.de**

TIPPS & INFOS

NATUR: Der Nationalpark Eifel beginnt sozusagen direkt vor dem Hof. Majestätische Buchen, Eichenwälder an felsigen Südhängen, malerische Bachtäler mit blühenden Wiesen und schroffe Felsen begeistern Naturliebhaber. Insgesamt 18 sogenannte Eifelspuren führen durch die Region.

RAD/WANDERN: Flussläufe, Hochflächen, Berge, Hügel, Wälder, Seen und sogar ehemalige Bahntrassen bieten unzählige Schauplätze für persönliche Radlerlebnisse. Attraktive Wander-Rundwege, wie zum Beispiel der Eifelsteig laden mit wunderbaren Ausblicken in die Natur ein.

INFO: **www.nordeifel-tourismus.de**

Manche Bauernhoffreundschaften bleiben fürs Leben.

59 BIOBAUERNHOF MIT NUDELMANUFAKTUR

Regional und nachhaltig

Direkt im Wasser- und Naturschutzgebiet im ländlichen Wegberg am oberen Niederrhein liegt der Biobauernhof mit Nudelmanufaktur Müller. Hier werden die eigenen Getreidefelder nach Bioland-Kriterien ökologisch und nachhaltig bestellt. Passend zum selbstgesteckten Ziel: »Gläserne Produktion, alle Rohstoffe für die Produkte aus der Region« kann man auf dem Hof den gläsernen Hühnerstall entdecken – übrigens einer der modernsten Ställe derzeit in Nordrhein-Westfalen – und bei der Verpackung der Nudeln zusehen. Oder man geht mit den Wasserbüffeln, die sich auch gerne streicheln lassen, auf Tuchfühlung. Es macht Spaß zu beobachten, wie die Herdenschutzhunde Nora und Major ihr Bestes geben, um die Bioland-Legehennen Tag und Nacht zu beschützen. Im Hofladen gibt es ausschließlich saisonale Waren, die selbst hergestellt wurden. Natürlich sind vor allem die eigenen Nudelprodukte in der Region bekannt – sie versprechen gesunden Genuss.
www.muellernudel.de

TIPPS & INFOS

FREIZEIT: Allein in Wegberg prägen über 170 Baudenkmäler das Stadtbild. Zudem gibt es Museen wie das Flachs-Museum Wegberg-Beeck und Motten – damit sind mittelalterliche Wehranlagen gemeint – wie die Motte am Schloss Tüschenbroich. Bei der gemütlichen Wegberger Mühlentour lassen sich 24 alte Öl- und Getreidemühlen entdecken.
RAD/WANDERN: Entlang von alten Mühlen führt eine große Anzahl von Radtouren und Mühlenwanderungen, aber auch etliche Kapellen markieren kleine Ausflugsziele.
INFO: **www.wegberg.de**

Ein Eldorado für Naturpark-
freunde, die mit »Entdecker-
Westen« die Gegend erkunden

»HOHES VENN – UNWIDERSTEHLICHER CHARME MIT MOORGEBIETEN, GRENZENLOSEN WÄLDERN UND TIEFEN FLUSSTÄLERN«

60 MICHELSHOF

Zuhause bei Froschkönig & Co.

Im Herzen der Eifel, umgeben von der einmaligen Landschaft am Rande des Hohen Venns, findet sich in Mützenich der Biobauernhof Michelshof mit seinen vielen Tieren. Egal, ob man mit der Familie einen richtigen Bauernhofurlaub verleben möchte oder einfach nur Ferien in der schönen Natur, hier ist man für beide Ansprüche genau richtig. Auf dem Hof gibt es 20 Milchkühe, viele Kälbchen, die drei Schweinchen Pünktchen, Anton und Karlsson, die Ziegen Cindy, Emil und Elvis, Pferde, Ponys, Kaninchen, Meerschweinchen, Katzen, Fische, Hühner und eine kleine Shetty-Familie. Die Kinder füttern die Tiere, backen Stockbrot, picknicken bei einer Planwagenfahrt mit Traktor, angeln oder reiten auf den Pferden und Ponys aus. Sie toben und klettern in der Heuscheune, sausen mit den Kettcars über den Hof, amüsieren sich im Spielschuppen oder auf dem großen Spielplatz. Langeweile? Hat keine Chance! Die Großen halten sich zwischenzeitlich mit Bäuerin Birgit bei Aerobic, Rückengymnastik oder Krafttraining fit – oder sie relaxen in der Sauna-Oase. Feriengäste genießen den Brötchendienst, die Biomilch vom Hof und den Einkaufsservice. **www.michelshof-eifel.de**

TIPPS & INFOS

FREIZEIT: Der Naturpark Hohes Venn hält viele Angebote parat wie eine Bergwerksbesichtigung in Fell, die Indoor-Kartbahn »Eupen Karting« in Belgien, den Eifelzoo Lünebach, den Wald-Kletterpark Irrhausen oder die Teufelsschlucht mit Dinopark in Ernzen. Wasserratten besuchen den Bütgenbacher See in Belgien zum Baden, Rudern und Segeln oder den Kronenburger See mit Freizeitbad und Tretbootverleih.

NATUR: Naturparkführungen und das Naturerlebniszentrum bringen den Besuchern den Naturpark Hohes Venn näher – besonders viel Spaß macht das mit den Naturpark-Entdecker-Westen.

INFO: **www.naturpark-eifel.de**

Ein Ort der Entspannung und Ruhe, um wieder Kraft und Energie zu tanken

61 HOFGUT SACHSEN-WAGNER

Urlaubs mit besonderem Flair

In der Eifel, genauer in Geichlingen, liegt das Hofgut Sachsen-Wagner. Mit viel Liebe zum Detail wurde das 1830 erbaute Bauerngut restauriert und historische Bauelemente mit einem komfortablen und modernen Ambiente vereint. Eine Streuobstwiese mit verschiedenen Spielgeräten für die Kids umgibt das Ferienhaus. Einige Wohnungen sind sogar mit Sauna und Whirlpool ausgestattet oder verfügen über einen eigenen Kamin. Das erst kürzlich neu eröffnete, exklusive kleine Landhotel trägt zu Recht den Namen »Genusswerk Eifel«, denn es liegt in herrlicher Alleinlage mitten in der Natur des Gaytals, nur eine kurze Wanderung entfernt vom luxemburgischen Vianden mit seinem berühmten Château. Auf dem aktiven Bauernhof des Guts leben Kühe und Kälber, Kaninchen, Katzen, drei Pferde, Hühner und Wachteln. Gern dürfen die kleinen Gäste mit Bauer Wolfgang Traktor fahren oder beim Füttern der Tiere helfen. Der Betrieb stellt außerdem kaltgepresste Speiseöle her, wie das aromatische Bärlauchöl oder das feine Leindotteröl. Eine Obstbrennerei komplettiert den Betrieb. Seit kurzer Zeit kann man in der hofeigenen Kochschule mehr über eine hochwertige, regionale Küche erfahren. Apropos Kulinarik: Die Frühstückstische werden nach Wunsch zusammengestellt, während die Hausgäste am Abend ein einheitliches Menü serviert bekommen. Das Restaurant hat freitags und samstags geöffnet. **www.genusswerk.de**

TIPPS & INFOS

FREIZEIT: Ob Neandertaler, Kelten oder Römer – in der Eifel kann man heute noch vielen (ur)alten Spuren nachgehen. Die Relikte sind vielerorts noch sichtbar und gut erhalten wie in der Stadt Mayen in der Osteifel mit ihrer Genovevaburg oder in der Tuchmacherstadt Monschau mit dem »Roten Haus«.

NATUR: Kaum eine andere Region in Deutschland ist so stark von den Elementen Feuer, Wasser, Luft und Erde geprägt wie die Eifel. Es gibt von Flüssen durchzogene Täler, erloschene Vulkankegel, vermoorte Trockenmaare und aufgeschichtete Höhenzüge. Ein ideales Terrain für Naturliebhaber!

INFO: **www.eifel.info**

62 FERIENHOF TAUNUSBLICK

Mit offenen Armen empfangen

Auf der Südabdachung des Westerwalds, über dem romantischen Lahntal liegt der Ferienhof Taunusblick in Hömberg. Von hier eröffnet sich ein verführerischer Blick gen Taunus, Eifel und Hunsrück. Auf dem Hof begeben sich die Gäste auf eine Reise durch die Landwirtschaft und das Leben auf einem Biobauernhof. Mit über 80 Hektar Grünland, Rindviehhaltung, Pferden, Ponys und jeder Menge Heu, das auch verkauft wird, ist er ein echter Vollerwerbsbetrieb. Dennoch kann man hier die reine Idylle und tiefe Naturverbundenheit erleben. Die Kinder helfen beim Eiersammeln, Schweinefüttern oder dem Einholen des Heus und besuchen die Lamas und Ponys. Natürlich können die Kleinen auf den Ponys reiten, die von den Großen geführt werden. Ob in der Spielscheune, beim Trampolinspringen, beim Klettern in der riesigen Strohburg oder in Pauls Treff, dem gemütlichen Aufenthaltsraum mit zahlreichen Gesellschaftsspielen, macht man hier auch bei schlechtem Wetter jederzeit neue Entdeckungen. Mit der Philosophie »Immer persönlich da«, »Ein offenes Ohr. Ein offenes Wort« und »Wir sind da, um besser zu werden« betreuen die Gastgeber die großen und kleinen Urlauber mit viel Herzblut und stehen jederzeit mit Rat und Tat zur Seite. Bio-Brötchen kann man morgens direkt am Hof abholen. **www.ferienhof-taunusblick.de**

TIPPS & INFOS

FREIZEIT: Hömberg ist ein idealer Ausgangspunkt für Tagestouren nach Koblenz oder Wiesbaden. Wer auf historischen Spuren wandeln möchte, besucht Bad Ems oder Bad Endbach. Städtische Entspannung bietet Bad Laasphe, reichlich Zinnen und Türme finden Ausflügler im Schloss Braunfels, während Diez vor allem im Sommer ein reiches Veranstaltungsprogramm auflegt.

RAD/WANDERN: Die herrliche Landschaft von Westerwald und Taunus eignet sich für Rad- und Wandertouren auf dem Lahnrad- und dem Lahnwanderweg oder den Lahn-Facetten. Dazu gehören 41 Routen, die die ganze Vielfalt des Lahntals zeigen wollen: Sie heißen beispielsweise »Bergmannsroute«, »Kelten-Römer-Pfad« und »Küppeltour«.

INFO: **www.daslahntal.de**

Selbst in Pfützen macht das Planschen Spaß!

Momente und Details, um sich zu freuen, gibt es beim Aufenthalt auf dem Bauernhof zur Genüge.

63 KÖRNERMÜHLE

Mit der Kraft des Wassers

Umgeben von Bergwäldern und Weiden liegt bei Dippoldiswalde im Tal der Wilden Weißeritz die Körnermühle. Das Mühlengelände erstreckt sich außerhalb von Ammelsdorf, einem kleinen Ort im Osterzgebirge. Die über 400 Jahre alte Mühle, die schon immer die Kraft des Wassers nutzte, ist dank ihrer abgeschiedenen Lage zu jeder Jahreszeit ein Ort der Natürlichkeit und Ruhe. Eine ganz besondere Anlage ist in der Körnermühle installiert: der hydraulische Widder. Dabei handelt es sich um ein jahrhundertealtes Wasserfördersystem. Der Widder ist eine Wasserpumpe, die ohne Strom funktioniert. Ein Teil der Wassermenge, die den Widder antreibt, wird auf den Berg gepumpt. Technik-Freaks kommen hier also auf jeden Fall auf ihre Kosten. Aber man kann auch Einblicke in einen aktiven Schaubauernhof und die Bio-Landwirtschaft gewinnen. Der Betrieb bewirtschaftet rund 40 Hektar Flächen, vorrangig als Weide- und Grünland. Nach der Ernte werden die Flächen durch systematisches Nachbeweiden in erster Linie von Schafen gepflegt. Zudem schwärmen schätzungsweise 400 000 Bienchen der Art Carnika an warmen Sommertagen in die Umgebung der Körnermühle aus. Die hofeigene Imkerei kann so jedes Jahr eigenen Bio-Honig aus den Waben schleudern. Zudem leben noch Rinder, Esel, Pferde und Bienen auf dem Biobauernhof. Die Kids können reiten, an einer Eselwanderung, einer historischen Mühlenführung oder an Kräuterwanderungen teilnehmen oder Stockbrot am Feuer rösten. **www.koernermuehle.de**

»TECHNIK-FREAKS KOMMEN IN DER KÖRNERMÜHLE AUF IHRE KOSTEN.«

TIPPS & INFOS

FREIZEIT: Viele schöne Ausflugsziele und Sehenswürdigkeiten warten rund um Dippoldiswalde, etwa der Berg Kohlhaukuppe, die Ruine Tharandt oder der Kahleberg, die höchste Erhebung im Osterzgebirge. Sehenswert sind auch die Sachsen-Talsperre Malter, der Windberg oder der Marienschacht Bannewitz. Seit 2019 zählt die Montanregion Erzgebirge zu den UNESCO-Welterbestätten.

RAD/WANDERN: Kombinationen aus Wandern, Radfahren und Mitfahren sind auf den Touren »Die Energie des Wassers«, »Spurensuche in der Dippoldiswalder Heide« und »Von der Talsperre Malter nach Edle Krone« möglich. Die Webseite listet hunderte Vorschläge auf!

INFO: **www.erzgebirge-tourismus.de**

Zwei unvergessliche Erlebnisse: ein Wattspaziergang und der Geschmack von purem Honig

64 WARFTHOF WOLLATZ

Ferien unter Freunden

Ganz nah an der Nordsee, auf einer Warft in der alten Marsch am Rande des Dorfs Süderdeich, erstrecken sich die Ländereien des Warfthofs Wollatz. Der Biohof bewirtschaftet 130 Hektar Fläche zu einer Hälfte mit Gemüse und zur anderen Hälfte mit Getreide und Kleegras. Das Gemüse wird überwiegend im Vertragsanbau für namhafte Babykost- und Tiefkühlkost-Hersteller vertrieben. Außerdem baut der Hof noch – typisch für die Region – Kohl, Kartoffeln und Möhren, aber auch Zucchini, Blumenkohl, Kürbis, Pastinaken, Erbsen und Erdbeeren an. Übrigens liefert die Kleegraswiese als Insektenparadies einen wichtigen Beitrag zur Vielfalt der Kulturlandschaft. Hier, hinter den Nordseedeichen, weit abseits des Straßenlärms, weht einem viel frische Meeresluft um die Nase. Gute Erholung ist garantiert, denn während die Kids auf dem weitläufigen Hofgelände toben, spielen und Entdeckungen machen, gibt es für die Großen gemütliche Sitzgelegenheiten mit Strandkörben – auch am Schwimmteich. Außer den vielen Tieren, die teilweise frei über die Hoffläche laufen – wie die Hühner und die watschelnden Enten, aber auch Katzen, die sich über jede Streicheleinheit freuen – gibt es viele Spielmöglichkeiten: Der Spielplatz mit Klettergerüst, Baumhaus, Trampolin und Reckstange in einer riesigen Sandkiste eröffnet genügend Freiraum zum Klettern, Turnen, Toben, Matschen und Hüpfen. Dazu gibt es noch eine Tischtennisplatte, einen Kinderfuhrpark mit Trettraktoren, zwei Riesen-Gokarts, Roller und Bobby-Cars, einen Strohboden und ein Beachvolleyballfeld. Der große Kaninchenstall ist frei zugänglich, so manches Kaninchen ist den Kinderhändchen schon entwischt und hoppelt nun frei auf dem Hof umher. Auch Pferdebegeisterte kommen auf ihre Kosten, denn für die kleineren Gäste gibt es Shetland-Ponys, während die größeren auf Islandpferden einen Ausritt in die freie Natur genießen. Ab und an wird auch der Esel Bim vor eine kleine Kutsche gespannt und begleitet die große Kutsche mit den Reitern. Bei geselligen Abenden in der Scheune, auf dem Hofplatz oder in der Gästeküche werden Krabben gepult, Strockbrote gebacken oder Grill-, Käse- und Wein-Abende miteinander verbracht. Aber auch für Körper und Geist ist auf dem Warfthof gesorgt: In der neuen Saunahütte mit Wohlfühlbereich und der Wellness-Oase kann man zur Ruhe kommen und neue Kraft tanken. **www.warfthof-wollatz.de**

TIPPS & INFOS

RAD/WANDERN: Außer zu ausgiebigen Spaziergängen und der Möglichkeit, Nordic Walking- und Inliner-Touren zu unternehmen, lädt die weitläufige, flache Landschaft auch zu Radtouren ein. Eine leichte Radtour führt von Süderdeich zum Eidersperrwerk – einem sehenswerten Technik-Koloss.

FREIZEIT: Natürlich gibt es in der Nähe eine Vielzahl an Badegelegenheiten wie den Sandstrand St. Peter-Ording, die Badestelle Westerkoog, den Grünstrand Büsum oder den Strand in St. Peter Bröhl. Weitere sportliche Optionen sind Surfen, Kiten, Golfen, Bowling oder Kartfahren. Eine Krabbenkutterfahrt, eine Wattwanderung oder der Besuch in Hagenbecks Tierpark in Hamburg bieten sich als Tagesausflüge an.

INFO: **www.warfthof-wollatz.de/aktivitaeten**

67 HOF SICKENBERG

Tradition am Grünen Band

Der mehr als 200 Jahre alte denkmalgeschütze Vierseithof Sickenberg liegt in Asbach unmittelbar an der ehemaligen innerdeutschen Grenze am Rande des Werratals in der Eichsfelder Schweiz. Heute genießt der Grenzstreifen als Grünes Band hohes Ansehen bei Naturschützern und Wanderern. Der Biohof umfasst 7,5 Hektar Ackerfläche, eine Streuobstwiese mit herrlichen Kirschbäumen, Apfelbaumraritäten und so manchen alten Zwetschgenbaum, eine Beerenobstplantage mit Maibeeren, Sommerhimbeeren, Erd-, Tay-, roten, gelben und schwarzen Johannisbeeren, mehrere Sorten Stachelbeeren sowie Brom- und Späthimbeeren. Der größte Teil dieser leckeren Beeren wird in der Küche des Hofcafés zu Kuchen verarbeitet. Kuchen- und Getränkewünsche kann man sich auf einem Picknick-Tablett zusammenstellen und dann ein romantisches Plätzchen auf der Streuobstwiese oder unter den großen Walnussbäumen suchen. Außerdem gibt es noch einen Bauerngarten, in dem im Handel nicht zu erhaltende Gemüsesorten sowie Pastinaken, Dicke Bohnen, Schwarzwurzeln und Haferwurzeln wachsen. Die Kleinen lernen am Hof im historischen Lehmbackofen zu backen, sie erfahren Wissenswertes über Wildkräuter und bereiten kleine Wildkräutermenüs zu. Die im historischen Stil eingerichteten Gästezimmer wurden baubiologisch renoviert und mit modernem Komfort ausgestattet. Hier kann man in eine Welt ohne Hektik abtauchen und einfach abschalten – inmitten einer fast unberührten Natur. **www.hof-sickenberg.de**

TIPPS & INFOS

NATUR: Hier treffen der Naturpark Eichsfeld-Hainich-Werratal und der Naturpark Meißner–Kaufunger Wald zusammen, zwei grüne Paradiese.

FREIZEIT: Beinahe von der Haustür aus kann man die Region mit dem Boot auf der Werra erleben oder die Burg Scharfenstein, die Burgruine Hanstein oder den Schaugarten Schönhagen besuchen.

RAD/WANDERN: Der Werratal- und der Unstrut-Radweg stellen Radler zufrieden, während Wanderer den Naturparkweg Leine-Werra oder den insgesamt 130 Kilometer langen Hainichlandweg für sich entdecken.

INFO: **www.naturpark-ehw.de, www.naturparkfrauholle.land**

OBSTBAUERNHÖFE

Vitaminreiche Hoferkundung

Wer Obst liebt, ist hier an der richtigen Stelle, denn auf Obstbauernhöfen erfährt man, wann welche Sorten angebaut werden, wie man sie während der Wachstumszeit behandeln und pflegen muss, zu welchem Zeitpunkt die einzelnen Obstarten reif werden und wie man sie erntet und lagert. Eine spannende und überaus lehrreiche Alternative zum klassischen Urlaub auf dem Bauernhof!

FERIENHOF STEGEN

Der Ferienhof Stegen in der Lüneburger Heide hat beides: viele Tiere und schöne Früchte. Auf den Feldern werden Erdbeeren und Himbeeren zum Selberpflücken sowie Kartoffeln und Getreide angebaut. www.ferienhof-stegen.de

HOF OBST

Auch wenn der Obstanbau auf dem edlen Hof Obst in der Prignitz nicht der Haupterwerb ist, lohnt sich die Reise: Kinder können hier reiten und erfahren viel Wissenswertes über naturnahen, ökologischen Anbau. www.hof-obst.de

INGENHOF

Auf Erdbeer-, Himbeer- und Weinanbau sowie auf Ackerbau ist der Ingenhof in der Holsteinischen Schweiz spezialisiert, der zudem als anerkannter Kneipp-Gesundheitshof für ein ganzheitliches Wohlgefühl bei Groß und Klein sorgt. www.ingenhof.de

URLAUBS- UND FRÜCHTEHOF SCHMÖRHOLM

Auf dem nordfriesischen Hof Schmörholm gibt es neben dem Obstgenuss mit Erdbeeren, Himbeeren, Tafeltrauben und Heidelbeeren auch viele Tiere und tolle Aktivitäten. www.hof-schmoerholm.de

OBSTHOF OBERHOF

Hauptsächlich Äpfel, Kirschen, Birnen und Himbeeren baut das Bio-Obstgut Oberhof in Überlingen am Bodensee an. Vom privaten Aussichtsturm bietet sich eine fantastische Fernsicht. www.obstgut-oberhof.de

HÖHLERHOF

Zwischen Apfel- und Kirschbäumen liegt der Höhlerhof bei Friedrichshafen. Hier kann man leckere Säfte sowie Eier, Honig und kaltgepresste Öle probieren und kaufen. www.hoehlerhof.de

OBSTHOF SCHÜTTERLE

Auf dem Ravensburger Obsthof Schütterle lässt sich ein Blick hinter die Kulissen der Obstproduktion werfen und das Leben und Arbeiten auf einem Obsthof kennenlernen. www.hof-schuetterle.de

OBSTBAU KNOLL

Nach guter Tradition zieht man auf dem Obstbauhof Knoll in Überlingen die Früchtchen hoch und lässt ihnen die optimale Pflege angedeihen. Der Hofladen verkauft die Erträge der Saison. www.obstbau-knoll.de

OBSTHOF BERNHARD

Auf dem Friedrichshafener Obst- und Ferienbauernhof Bernhard erhalten Gäste einen Einblick in die Obstproduktion und den Alltag auf einem Obsthof – Abenteuer für Kids und am nahen Bodensee garantiert. www.obsthof-bernhard.de

OBST- UND FERIENHOF STEFFELIN

Einen Urlaub der besonderen Art bietet der Urlaubshof Steffelin und vermittelt viel Wissenswertes über den eigenen Obsthof sowie über die Gesundheit von Körper und Geist. In Markdorf-Ittendorf wenige Kilometer vom Bodensee entfernt gelegen. www.steffelin.de

Obst, das am Boden liegt, wird natürlich aufgesammelt.

So leckere und große Himbeeren!

Apfelwissen über naturnahen, ökologischen Anbau

Der kühle See lädt zum Baden, Schwimmen und Planschen ein.

Jeden Morgen erst mal den Seeblick genießen!

68 OBST- UND FERIENHOF SOHM

Blütenmeer am Überlinger See

Badefreuden, das Abschalten vom Alltagsstress, das Tanken neuer Energie und die Erholung in intakter Natur – das ist auf dem Obst- und Ferienhof Sohm in Bodman-Ludwigshafen am Bodensee garantiert. Am fjordartigen Überlinger See kann man unbeschwerte Urlaubstage in herrlicher Natur erleben. Auf dem großen Grundstück mit eigenem Seezugang ist zu jeder Jahreszeit einiges geboten. Im Frühjahr verwandelt sich das See-Ende in ein einziges Blütenmeer. Den Sommer über kann man den Früchten beim Reifen zusehen, und ab August beginnt die Erntezeit. Auf 16 Hektar Anbaufläche hat sich der Hof auf sechs Apfelsorten spezialisiert: Elstar, Gala Mondial, Jonagold, Golden Delicious, Idared und Braeburn, zudem reifen hier Birnen und Erdbeeren. Der durchschnittliche Ernteertrag liegt bei etwa 500 Tonnen Äpfeln pro Jahr – eine ganze Menge. Die Äpfel werden auch auf dem Hof gelagert. Über die Genossenschaft werden die Früchte in einer modernen Anlage im Wasser schwimmend sortiert – so entstehen keine Druckstellen. Die Genossenschaft vermarktet auch die Ernte und stellt so sicher, dass das Bodenseeobst frisch zum Verbraucher gelangt. Wer möchte, kann an Ausflügen in die Obstplantagen teilnehmen. Dabei erfährt man viel Wissenswertes rund um den Anbau, die Ernte und Lagerung. In der hofeigenen Brennerei werden Obstbrände und Schnäpse destilliert – und bitte erst nach einem erfrischenden Bad im Überlinger See probiert! Entspannung findet man im Garten auf bequemen Liegestühlen, kann dort endlich mal wieder ein Buch lesen oder doch lieber zum Stand-up-Paddling an den See gehen, surfen, rudern oder segeln – jeder, wie er mag. Ruderboot, Surfbrett, Fahrräder, ein Segelboot und SUP-Boards stehen zur Verfügung. Für die Kids gibt es einen Spielplatz und im neuen Haus einen Aufenthaltsraum für Schlecht-Wetter-Tage. Dort stehen unter anderem eine Tischtennisplatte und ein Tischkicker. Zudem kann man sich im Fitness-Raum verausgaben, abends am Grillplatz gemütlich beisammensitzen und grillen oder in der kleinen Ferienbibliothek ein neues Buch entdecken. **www.sohm-bodman.de**

»GLITZERNDE WELLEN UND ÜPPIGE OBSTBÄUME – UNBESCHWERTE URLAUBSTAGE IN HERRLICHER NATUR!«

TIPPS & INFOS

FREIZEIT: Von der Schweizer Schokoladenfabrik in Kreuzlingen bis zum Abenteuerschwimmbad in Bodman – in der näheren Umgebung gibt es allerhand zu entdecken. Oder man besucht die bekannten Sehenswürdigkeiten im und am See, wie die Insel Mainau, die Pfahlbauten von Unteruhldingen oder die Barockkirche Birnau. Aber auch der Hohentwiel, Schloss Montfort oder Schloss Arenenberg, der Affenberg Salem und die nahe Mittelalterperle Konstanz geben der Langeweile keine Chance. Zum Pflichtprogramm für jeden Bodenseeurlauber gehört natürlich die Schifffahrt.
NATUR: Als beste Aussichtspunkte über den See empfehlen sich der Säntis – vom Gipfel schweift der Blick über sechs Länder – oder man nimmt die Bahn auf den Pfänder oberhalb von Bregenz. Eine Anlaufstelle für Naturbeobachter und Vogelliebhaber ist das Wollmatinger Ried am Untersee.
INFO: **www.bodensee.eu, www.bodenseepur.de**

Ein Streichelzoo ohne Zäune und Gitter

69 HOFGUT SCHLEINSEE

Das Gut mit eigenem See

Direkt am Bodensee, umgeben von Wäldern und Wiesen liegt das Hofgut Schleinsee in Kressbronn. Hier kann man beim Schwimmen im hofeigenen Schleinsee oder beim frühmorgendlichen Joggen den Sonnenaufgang erleben oder nach einem ausgiebigen Frühstück den Tag beginnen, sich dann mit einem Buch auf die Bank am Kräutergarten zurückziehen, während sich die Knirpse beim Baden, mit den Tieren oder auf dem Spielplatz austoben. In der über 100 Quadratmeter großen Kinderwerkstatt gibt es einen Tischkicker, der Aufenthaltsraum für den etwas älteren Nachwuchs wartet mit vielen Spielen und Büchern. Für alle Dreikäsehochs ist ein Raum mit Bällebad, Spielküche und Kaufladen reserviert. Das Highlight beim Toben stellt allerdings der Kletterraum mit Kletterseilen, Trapez, Ringen und einigem mehr dar. Die Großen sitzen, nicht nur bei schlechtem Wetter, gemütlich im Hofcafé, während die Kleinen tolle Stunden in der Scheune und auf dem Hof verbringen. Das Café serviert Kaffee, Kuchen und ein kleines Speisenangebot sowie selbstgebackenes Brot, Hofgutkäse, Aufstriche, Dips und hausgemachte Dinnete aus dem Steinofen. Der Grillplatz am See ist der ideale Ort, um den Sonnenuntergang zu genießen und den Urlaubstag ausklingen zu lassen. **www.schleinsee.de**

TIPPS & INFOS

RAD/WANDERN: Zwischen Friedrichshafen und Lindau durchziehen zahlreiche Wander- und Radwege die Landschaft wie der Bauernpfad, der Erlebnispfad »Wasser, Wein, Barock« oder die Wanderroute Königsweg.
FREIZEIT: Klettergerüst und Naschgarten, das Museum der Historischen Schiffsmodelle und das Naturstrandbad liegen in der Nähe. Wasserbegeisterte besuchen den größten Sportsegelhafen am Bodensee, das Ultramarin in Kressbronn.
NATUR: Wer im Frühsommer anreist, sollte einen Abstecher ins Eriskircher Ried einplanen – dort blühen Ende Mai Hunderte Sibirische Schwertlilien.
INFO: **www.bodenseeferien.de**

Die herrliche Lage oberhalb des Titisees lädt zu Ausflügen ein.

70 WEBERHOF

Erholen, Erleben und Entspannen

Auf der Sonnenseite des Schwarzwalds über dem Titisee liegt in 910 Metern Höhe der traditionelle Weberhof. Die Beherbungstradition des Biobauernhofs reicht bis in das Jahr 1936 zurück. Der Hof selbst ist älter – und ein wahres Prachtexemplar an Schwarzwaldhaus mit heruntergezogenem Krüppelwalmdach, gedeckt mit Schindeln. Heute leben hier Mutterkühe, Kälber, das Jungvieh und Pensionspferde. Inmitten saftiger, grüner Wiesen, umrahmt von Wäldern und nahe dem Wasser, spürt man die Kraft der Natur. Die außergewöhnliche Ausstattung mit Massivholz aus eigenen Wäldern und viel Naturstein sowie die liebevolle Einrichtung zeichnen diese besondere Urlaubsoase aus. Die nötige Energie wird auf dem Hof komplett autark durch Stückholz, Hackschnitzel, die eigene Quelle und Solarenergie bzw. Photovoltaik gewonnen. Auf die kleinen Gäste wartet ein wahres Paradies mit vielen Tieren, einem tollen Spielplatz mit Schaukeln, Rutsche, Sandkasten und allerlei Tretfahrzeugen – oder beim Baden im Titi- oder Schluchsee. Nach dem Wandern kann man in der Sauna entspannen, neue Kraft tanken und Zufriedenheit spüren. Reiter genießen den Ausritt bis zum Feldberg, und wer möchte, kann hier auch reiten lernen oder das eigene Pferd mitbringen.
www.cammerer-weberhof.de

TIPPS & INFOS

FREIZEIT: Kurze Wege führen zu vielen attraktiven Ausflugszielen in der Region: So kann man zur Wutachschlucht, zu den Vogtsbauernhöfen, zu den Triberger Wasserfällen und sogar zum Vierwaldstätter See in der Schweiz oder in den Europa-Park Rust gelangen.
RAD/WANDERN: Radfahrer und Mountainbiker haben die Qual der Wahl zwischen dem Bähnle-Radweg, der Familienradtour durch das Obere Wiesental oder dem Bikepark Todtnau. Die Region ist außerdem bekannt für ihre Wanderwege, auch speziell für Familien, und den Wildtierpfad Häusern.
INFO: **www.hochschwarzwald.de**

Der Erlebnispark Wasser Fisch Natur bietet Spiel, Spaß und Abenteuer.

»DIE IDEALE KOMBINATION AUS WASSER, ABENTEUER, NATUR UND ERHOLUNG«

71 BIOBAUERNHOF DIRNBERGER

Unbeschwertes Landleben am Wasser

Im schönen Oberpfälzer Seenland, nur wenige Autominuten von der Weltkulturerbe-Stadt Regensburg und den Ausläufern des Bayerischen Waldes entfernt, liegt in Nittenau direkt am Fluss Regen der Biobauernhof Dirnberger. Hier kann man das schöne Regental aus einer anderen Perspektive entdecken: vom Ruderboot aus. Am besten schnappt man sich ein hofeigenes Boot und legt einfach los. Für die Kleinen gibt es selbstverständlich Schwimmwesten vor Ort. Aber auch die Faulenzer-Variante klingt gut. Dabei macht man es sich auf einer Gartenliege oder im Strandkorb am Fluss gemütlich, während die Kids nach Herzenslust im Wasser toben und planschen. Die Liste der Aktivitäten ist lang: Wie wäre es mit Stockbrot backen oder am Lagerfeuer sitzen? Oder das Ponyreiten mit Alfi und Lisa, die sich vorher gerne striegeln lassen? Oder eine Traktorfahrt mit Bauer Hans, der sich über kleine oder große Beifahrer beim Futterholen für die Kühe freut. Helfer bei der Tierfütterung im Kuhstall und der Kleintiere, über die man dann gleichzeitig einiges Wissenswerte erfährt, sind immer willkommen. Das Toben auf dem Abenteuerspielplatz mit Riesentrampolin und Tischtennisplatte macht großen und kleinen Kindern genauso viel Spaß wie eine Rallye über den Hof mit Bobby-Cars, Trettraktoren und Kettcars. Bei schlechtem Wetter lockt das beheizte Spielehaus mit Gesellschaftsspielen, Lego und Playmobil, Kinderbüchern, einer Schaukel, dem Tischkicker und vielem mehr. Sobald es dann aus dem Holzbackofen raucht, weiß man, dass es Zeit für Pizza oder Schweinshaxen ist. Gemeinsam wird alles vorbereitet und an einem gemütlichen Abend zusammen verspeist. Der Urlaub auf dem Biobauernhof Dirnberger ist eine ideale Kombination aus Wasser, Abenteuer, Natur und Erholung, denn auch Angler finden hier ihr Paradies vor der Haustüre. Im Regen tummeln sich zahlreiche Fischarten wie Welse, Hechte, Zander, Aale, Barben, Karpfen, Brassen, Schleien und Rotaugen. Nach Vorlage eines gültigen Fischereischeins erhält man die nötigen Erlaubnisscheine für den Fluss direkt am Hof – so steht auch einem Angelurlaub nichts im Weg.
www.angeln-regental.de

TIPPS & INFOS

FREIZEIT: Der Hof ist der optimale Ausgangspunkt, um das Oberpfälzer Seenland mit seinen Badeseen, vielen Ausflugszielen und beeindruckenden Burgen zu entdecken. Besonders zu empfehlen sind der Nepal-Himalaya-Park in Wiesent, der Erlebnispark Wasser-Fisch-Natur in Wackersdorf, das Naturschutzgebiet »Die Hölle« in Rettenbach, der »In-Motion Park HolzKugel« oder der Wild Wake Park, beide in Steinberg am See.
RAD/WANDERN: Nahezu 600 km Radwege, wie der Vier-Seen-Weg, und mehr als 700 km markierte und gepflegte Wanderwege, etwa der Sautreiberweg, laden zum Radfahren und Wandern ein.
INFO: **www.oberpfaelzer-seenland.de**

Eine ideale Kombination aus Wasser, Abenteuer mit Tieren, Natur und Erholung

Spaß garantiert – nicht nur auf dem Trampolin

72 WASTLEICHERHOF

Totales Urlaubsfeeling

Die freie Lage mit Berg- und Waldblick am Rande des ältesten Naturschutzgebiets in Bayern sorgt allein für Erholung und Entspannung. Dazu bietet der Wastleicherhof in Eggstätt im Chiemgau grenzenlosen Wasserspaß für Groß und Klein. In Fußnähe zum Hart- und Pelhamer See gelegen sowie nahe dem Chiemsee und zwölf weiteren Seen, ist er der ideale Ort zum Baden, Surfen, Segeln, Beachvolleyballspielen – einfach zu allem, was am und im Wasser sonst noch Spaß macht. Auf dem Hof freut sich Bauer Matthias über kleine und große helfende Hände beim Füttern oder Misten. Er zeigt den Kids, wie der Melkroboter funktioniert, und lässt sie auf dem Traktor mitfahren. Danach geht es ab in den Streichelzoo mit Kaninchen, Hühnern, Ziegen, Schafen und Meerschweinchen. Oder die Kinder striegeln das Pony, reiten oder toben auf dem Abenteuerspielplatz. Die Spielwiese lädt zum Fußballkicken ein, im Sandkasten kann man Kuchen backen und auf dem Trampolin kühne Sprünge wagen. Die Großen legen in der Zwischenzeit die Beine hoch, genießen die Freiheit oder einen Saunagang in der Ferienwohnung, denn fast alle Apartments sind mit einer eigenen Sauna ausgestattet. Der Hof bietet Frühstücksbuffet und Brötchenservice. Im hofeigenen Schmankerl-Kastl bekommt man hochwertige Lebensmittel aus eigener Erzeugung und aus der Region.

www.wastleicherhof.de

TIPPS & INFOS

RAD/WANDERN: Außer den vielen Seen laden rund um den Wastleicherhof zahlreiche Rad- und Wanderwege zu Familienausflügen ein. So sind eine Radtour rund um den Chiemsee oder die Wanderung auf die Kampenwand echte Klassiker bei einem Chiemgau-Urlaub.

FREIZEIT: Sowohl ein Besuch der Herreninsel mit Schloss Herrenchiemsee als auch der Fraueninsel im Chiemsee sollte man auf keinen Fall versäumen. Oder man genießt das urbane Flair von Rosenheim, Wasserburg, Bad Aibling, Kolbermoor oder Prien am Chiemsee.

INFO: **www.chiemsee-alpenland.de**

Eine Radtour im Oberpfälzer Seengebiet eignet sich perfekt für Familien.

73 SIMMERNHOF

Urlaub am Fluss

Direkt am unberührten Fluss Naab, mitten in der Urlaubsregion Oberpfälzer Wald im beschaulichen Weiler Mossendorf, erfüllt der Simmernhof Urlaubsträume. An heißen Tagen können sich Groß und Klein in den flachen Bereichen der Naab abkühlen oder bei einer Bootsfahrt mit dem hofeigenen Kahn unbekannte Ufer erkunden. Wenn gerade nicht Toben und Planschen im Wasser angesagt sind, hilft der Nachwuchs auf dem Bauernhof beim Füttern der Kühe oder spielt im Heu. Der Spielplatz mit Schaukeln, Rutsche, Klettergerüst, Turnreck und Fußballtor, der Spielturm und das große Trampolin sorgen dafür, dass keine Langeweile aufkommt. Und sollte das Wetter einmal bescheiden ausfallen, gibt es eine Spielscheune und Spielgarage mit Tischtennisplatte, Kicker und vielen Überraschungen. Der Hof bietet einen Fahrradverleih und eine Gemeinschaftslounge. Zu den Ferienwohnungen gehören der Brötchen- und Zimmerservice, ein Tourenschalter und kostenfreies WLAN in allen Bereichen. Aber auch Angler kommen auf ihre Kosten: Noch immer gilt die Naab als eines der Top-Reviere, wenn es um fischreiche Gewässer in Deutschland geht. Hier finden auch ambitionierte Angler ihren Platz. Angelkarten sind am Hof erhältlich. Wer möchte, kann seine Fänge gleich in der Räucherkammer verarbeiten. **www.simmernhof-mossendorf.de**

TIPPS & INFOS

RAD/WANDERN: Direkt vom Simmernhof aus kann man mit dem Fahrrad zu einer Rundfahrt auf dem gut ausgeschilderten Radwegenetz im Oberpfälzer Seenland starten. Familien finden viele Wanderwege vor, die auch für kleinere Kinder geeignet sind.

FREIZEIT: Im und am Wasser gibt es hier kein Halten: Baden, bootswandern, Wasserski, segeln, surfen oder tauchen stehen auf dem Programm. Zudem liegt die Weltkulturerbestadt Regensburg nur 20 Minuten entfernt. Das Waldgelände im Wildpark Höllohe ist eine echte Oase der Ruhe. Der Rundweg eignet sich auch gut für Kinderwagen.

INFO: **www.oberpfaelzerwald.de**

Der Forggensee ist an Sommertagen ein perfekter Urlaubsplatz.

Zauberhafter Vorgarten im Allgäu

74 SALENBERGHOF

Die Allgäuer Alpen vor der Tür

Dank seiner traumhaften Einzellage am Forggensee im Königswinkel, auf einer Anhöhe in Rieden inmitten saftig grüner Wiesen, bietet der Biobauernhof Salenberghof einen herrlich freien Blick auf den tiefblauen See und die mächtigen Gipfel der Allgäuer und Tiroler Alpen. Die Königsschlösser Neuschwanstein und Hohenschwangau liegen nur wenige Autominuten entfernt. An heißen Tagen verlocken der Forggen- und der Hopfensee zum Baden, Bootfahren oder Segeln. Der Hof betreibt Jungviehaufzucht und hat keine Milchkühe. Deswegen ist im Sommer der Stall leer, denn auf den Wiesen direkt um den Salenberghof genießt das Allgäuer Jungvieh die Freiheit. Natürlich kann man in diesem Tierparadies trotzdem alle Bewohner spielend kennenlernen: Rinder, Ponys, Bergschafe, Ziegen, Kaninchen – die in einer Nager-WG zusammenwohnen –, Meerschweinchen, Hund und Kater. Zwar ist Ponyreiten nicht möglich, dafür ist sonst einiges geboten: Im überdachten Spielhaus gibt es Freiland-Schach und -Dame, auf dem hofeigenen Spielplatz können die Kleinen herumtollen, mit den Fahrzeugen aus dem Kinderfuhrpark weite Runden über das Gelände drehen, auf dem Riesentrampolin hüpfen, Basketball, Tischtennis oder Fußball spielen oder bei schlechtem Wetter im Indoor-Spielzimmer Kicker und Billard nutzen. Oder die Sprösslinge machen gemeinsam die umliegende Gegend unsicher. **www.salenberghof.de**

»EIN HOF IN TRAUMHAFTER EINZELLAGE AM FORGGENSEE – DA KÖNNTE DER KINI NEIDISCH WERDEN.«

TIPPS & INFOS

FREIZEIT: Auf den Ausflugsschiffen »MS Allgäu« und »MS Füssen« kann man von Juni bis Mitte Oktober über den Forggensee schippern und das Bergpanorama genießen. Spannende Erlebnispfade warten im Walderlebniszentrum Ziegelwies in Füssen. Auf dem 480 m langen Baumkronenweg lassen sich Wald und Natur in ihrer ursprünglichen Form erkunden. Auch der Familien-Ausflug zum Minigolf in Lechbruck lohnt: Hier kann man auf 18 Bahnen bekannte Sehenswürdigkeiten in Miniaturgröße umspielen.

INFO: **www.allgaeu.de, www.myforggensee.de**

»Bei einem Reiterhofurlaub lernen Kinder den vertrauensvollen Umgang mit Pferden.«

75 Reiterhof Würdenhain

Hufenhof in neuer Pracht

Zwischen den Flüssen Schwarze Elster, Alter Röder und Geißlitz liegt direkt an der Grenze zum Naturpark Niederlausitzer Heidelandschaft in der Elsteraue der Reiterhof Würdenhain. Der Dreiseithof ist einer der ältesten Hufenhöfe in der Gemeinde Röderland: ein kleiner, natürlicher Hof »mit allen Ecken und Kanten des Landlebens«, so drückt es die Hofbetreiberin aus. Hier gibt es Pferde, Seen, Sand und Wälder – und Natur pur beim Ausreiten! Das wichtigste Anliegen des Hofs ist es, dass es Reitern und Pferden gut geht. Deshalb hat sich der Reiterhof Würdenhain für eine artgerechte, möglichst naturnahe Haltung der Tiere entschieden. Neben der Herde von Islandpferden mit dem Zuchthengst Mimir, den Stuten Lokka, Fatima, Flou und der dazu gehörenden Nachzucht leben hier verschiedene Pensionspferde. Der Hund Josie passt auf, dass sich keiner auf den Hof schleicht. Die Lieblinge der Kids sind neben den Pferden die Katzen Eddi, Emma, Mira und Teufelchen. Sie freuen sich immer über Streicheleinheiten.

www.reiterhof-wuerdenhain.de

Tipps & Infos

NATUR: Wälder, Heideflächen, Bergbaufolgelandschaften, Streuobstwiesen und Moorgebiete – das alles bietet der Naturpark Niederlausitzer Heidelandschaft.

FREIZEIT: In der Umgebung kann man eine Vielzahl an kulturhistorischen Kleinoden zu Fuß, auf dem Fahrrad, im Kremser oder auf dem Rücken der Pferde entdecken, beispielsweise das Schloss Elsterwerda oder das Palais Zabeltitz. Wer kraxeln möchte, findet am Rothsteiner Kletterfelsen eine entsprechende Herausforderung. Bei schlechtem Wetter locken zahlreiche Museen, oder man besucht die Schleuse am Grödel-Elsterwerdaer Floßkanal.

INFO: **www.naturpark-nlh.de**

Tagebaurestlöcher wurden geflutet und haben sich zu Badeseen gewandelt (links). Zeit für Kühe auf dem Siefertshof (rechts).

76 SIEFERTSHOF

Waldhubenhof mit Freizeitteich

Am eigenen See, in zentraler Lage zwischen Rhein, Main und Neckar und angrenzenden Wäldern, befindet sich in Mossautal der Siefertshof. Der 5000 Quadratmeter große Freizeitteich steht mit großzügiger Liege- und Spielewiese allen großen und kleinen Gästen zum Baden, Toben, Planschen und Bootfahren zur Verfügung. An heißen Tagen vergeht hier die Zeit wie im Flug. Der 40 Hektar große Waldhubenhof wird als reiner Grünlandbetrieb mit Mutterkuhherde bewirtschaftet, davon sind zwölf Hektar Wald und 27 Hektar Wiesen und Weiden. Die Waldhube oder Waldhufe ist eine Siedlungsform, die im Mittelalter aufkam. Der Name bezeichnet eine Hoflage, die entlang einer Straße durch Rodung angelegt wurde. Hinter den Gebäuden erstrecken sich die dazugehörenden Grundstücke beiderseits der Straße die Hänge hinauf bis zum Waldrand. Der Hof hat 20 Kühe mit Kälbern und einen französischen Limousin-Bullen. Ab Anfang Mai, sobald das Gras hoch genug steht, bleiben die Mutterkühe mit den Kälbern bis in den Oktober hinein im Freien und ziehen von Koppel zu Koppel. Erst im Winter müssen sie wieder in den Stall. **www.siefertshof.de**

TIPPS & INFOS

RAD/WANDERN: Drei lang gezogene Täler, Wiesen und ausgedehnte Buchen- und Mischwälder prägen das Landschaftsbild von Mossautal. Hier kann man wunderbare Wanderungen auf den Drachenwegen oder dem Nibelungensteig unternehmen. Zudem gilt die Region als ideales Revier für Mountainbiker mit Touren wie dem Rittersteintrail.

FREIZEIT: Die Burgruine Rodenstein, der Fallbach-Wasserfall oder die Gersprenzquelle auf der Neunkircher Höhe bieten sich als Ausflugsziele an. Im Winter zieht es sportliche Gäste auf die Langlaufloipen.

INFO: **www.mossautal-odenwald.de**

77 WESTENDORFF'S IN WARTHE

Geheimtipp im Lieper Winkel

Im idyllischen Fischerdorf Warthe im stillen Lieper Winkel, der noch als Geheimtipp auf der vielbesuchten Urlaubsinsel Usedom gehandelt wird, liegt an Peenestrom und Achterwasser der Biobauernhof Westendorff's. Der Peenestrom wird auch »Amazonas des Nordens« genannt, denn an dem Ostsee-Meeresarm ist die Natur noch fast unberührt. Direkt am Achterwasser kann man baden, surfen, segeln und paddeln – wie natürlich an allen Stränden auf der Sonneninsel Usedom. Der Strand des Achterwassers verläuft lange flach, und der Sand ist nicht so feinkörnig wie direkt am Ostseestrand, aber für die kleinen und großen Kinder durchaus buddelgeeignet. Dazu lassen sich hier noch an allen Tagen heimische Tierarten wie Seeadler, Biber, Fuchs, Rehe, Wildschweine, Rotwild und Hasen blicken. Der Hof Westendorff's ist ein ökologisch wirtschaftender Mutterkuh- und Marktfruchtbetrieb, aber kein ganz herkömmlicher Bauernhof, denn die Tiere leben ganzjährig in Freilandhaltung. Neben der Rinderherde sorgen die Pferde, Ponys, Esel, Ziegen, Meerschweinchen, Hühner, ein Hund und die vom Aussterben bedrohten Skudden-Schafe für viel Abwechslung zu Strand, Sonne und Meer. Eigene Hunde sind in einigen Ferienhäusern erlaubt.

www.landurlaub-usedom-warthe.de

TIPPS & INFOS

FREIZEIT: Die Ausflugsmöglichkeiten auf Deutschlands zweitgrößter Insel sind vielfältig und breit gestreut: Reiten auf Islandpferden in Morgenitz, die Naturparkausstellung in Usedom, das Wisentgehege in Dargen, eine Straußenfarm in Pudagla und das umgedrehte Haus in »Die Welt steht Kopf!« in Trassenheide. Hinzu kommen Theater und Museen in Usedom und Heringsdorf für den Kultur- und die Golfplätze in Balm und Korswandt für den Sporturlaub.

RAD/WANDERN: Rad-, Wander- und Naturfreunde bewegen sich im Lieper Winkel durch nahezu unberührte Natur und können dabei vielerorts Wildtiere entdecken.

INFO: **www.usedom.de**

Die Ostsee hat viel zu bieten: alte Hansestädte, idyllische Ostseebäder, reetgedeckte Häuser, Leuchttürme, weiße Sandstrände und Strandkörbe.

78 NORDLICHTER

Idyll am Meer

Entfernt riecht es nach Salz und See, der Geruch wird immer intensiver. Vorbei am Raps und entlang der Dünen gelangt man ans Meer, das mal spiegelglatt daliegt und mal sturmgepeitscht ist. In ruhiger Natur um das Salzhaff der Wismarer Bucht befindet sich in Blowatz der Ferienhof Nordlichter. Hier kann man sich am Meer und in weiter Natur erholen, sich den Wind um die Nase wehen lassen, baden und den Strand genießen oder neue Entdeckungen machen. Hier erkunden Gäste tagsüber die herrliche Region und kehren abends in die Wohlfühlhäuser zurück, wo sie am Lagerfeuer oder auf der Couch den Tag Revue passieren lassen. Wer Abwechslung vom Strand sucht, macht einen Abstecher zum Bauernhof und läuft barfuß durchs Stroh, zapft eine Flasche frische Milch und streichelt den Kälbern über die Nase. Oder die Kinder spielen Volleyball oder Tischtennis, stürmen den Spielplatz oder toben auf der großen Wiese, bis ihnen die Puste ausgeht. Aber das kann dauern, denn frische Luft gibt's hier genug. Die regt den Appetit auf das Gemüse von den Feldern an, denn in der salzigen Ostseeluft wachsen Chicoreewurzeln und Rosenkohl besonders gut – wie auch die Kartoffeln. Einige Ferienhäuser haben einen Holzofen und Sauna, andere eine Feuerstelle. Fast alle sind barrierefrei gebaut und auf Menschen im Rollstuhl eingerichtet. **www.nordlichter.de**

TIPPS & INFOS

FREIZEIT: Zwischen Backsteingotik durch die Geschichte flanieren, Lieblingsläden in verwinkelten Gassen entdecken, am Alten Hafen frischen Fisch genießen – die Hanse- und Welterbestadt Wismar entzückt mit reichlich Kultur, nordischer Architektur und viel Gelegenheit für eine Shoppingtour.
ODER man unternimmt einen Streifzug über die Insel Poel, ob auf Pferden über Wiesen oder auf Schusters Rappen durch den Wald. Oder darf es ein Surfkurs sein? Jeweils einen Abstecher wert sind auch Schwerin und die Hansestadt Rostock.
INFO: **www.insel-poel.de, www.ostseeferien.de, www.rostock.de, www.wismar.de**

79 FERIENHOF HAFFLANDSICHTEN

Urlaub im Naturpark

Sanft streicht der Wind durch die Dünen der Ostseeinsel Usedom, die Möwen kreischen und ziehen ihre Runden über dem Meer. Die salzige Luft sorgt dafür, dass man endlich wieder richtig durchatmen kann. An der Haffküste, umgeben von herrlich natürlicher Landschaft und dem Meer, liegt der Ferienhof Hafflandsichten am Dorfrand von Dargen auf der Ostseeinsel Usedom mitten im Naturpark. Hier macht sich die besondere Insel-Atmosphäre jeden Tag etwas anders bemerkbar. Die weiten Ostseestrände eignen sich ideal, um Steine und Muscheln zu suchen, Drachen steigen zu lassen oder einfach nur den Wind schnuppern, um Sandburgen zu bauen und nach Herzenslust zu baden und zu entspannen. Wer lieber auf dem Bauernhof mithilft, darf gerne mitanfassen und den Gastgebern zusehen, wie sie sich um die Mutterkuhherde, die Hühner, Gänse, Kaninchen und einige fleißige Bienenvölker kümmern. Auch im Ackerbaubetrieb gibt es immer viel zu entdecken: Nach der Ernte kommt im Herbst die neue Saat in den Boden, im Frühling strahlen die gelben Rapsfelder und im Sommer wogen die reifen Körner auf vielen Tausend Halmen. Zur Ernte dürfen die Kleinen auf den großen Maschinen eine Runde mitfahren. **www.hafflandsichten.de**

An der malerischen Usedomer Haffküste (links). Straßenszene in Ahlbeck (Mitte). Badewetter über der Mecklenburger Seenplatte (rechts)

TIPPS & INFOS

RAD/WANDERN: An der Haffküste und im Usedomer Achterland verteilen sich kleine Dörfer mit Storchennestern, die die Erkundung lohnen, egal, ob zu Fuß oder mit dem Fahrrad. FREIZEIT: Vom Wasser aus entdeckt man versteckte Badestellen. Oder man geht golfen, reiten, angeln oder spielt Beachvolleyball. Wer einen Perspektivenwechsel benötigt, schaut sich den Seebrückenpokal in Seebrücken zwischen Ahlbeck und Heringsdorf an. Familien zieht es in die Schmetterlingsfarm nach Trassenheide, um die Puppenstube der Schmetterlinge zu entdecken, oder nach Peenemünde zum Minigolfen bei Schwarzlicht im Piratenlook. Ein besonderes Erlebnis ist es, die Insel mit dem Quad oder im Trabbi zu entdecken. INFO: **www.usedom.de**

80 BAUERNHOF FAMILIE REICHELT

Eine Patenschaft fürs Schwein

Am Rande der Urlaubsregion Mecklenburgische Seenplatte, nicht weit vom Müritz-Nationalpark, liegt der Bauernhof Familie Reichelt in Plau am See. Direkt an den Hof grenzt der eigene, zehn Hektar große Heidensee. Die Ruhe und Entspannung beim Angeln oder schon beim Zuschauen sind Erholung pur. Aber auch, wenn man nur baden oder in der Sonne faulenzen möchte, lässt sich kaum ein schöneres Fleckchen Erde finden. Die Geschichte des Aussiedlerhofs lässt sich bis in das Jahr 1853 zurückverfolgen. 1945 brannten die beiden reetgedeckten Feldscheunen ab. Die jetzige Besitzerfamilie von Manuela und Michael Reichelt bewirtschaftet seit 30 Jahren den Hof. Dort gibt es heute Freilandschweine mit vielen bunten Ferkeln in isolierten Hütten, Mutterkühe, Pferde und Ponys zum Reiten sowie über 500 Hühner. Wer möchte, kann sich sogar ein Schwein leasen. Dabei sucht man sich ein Ferkel auf dem Hof aus, das dann dort großgezogen und mit verschiedenen, auf dem Hof produzierten Futtermitteln versorgt wird. Auf gut zehn Hektar Ackerland wächst Spargel. Ende April bis Mitte Juni ist dann Erntezeit, während der die Gäste zusehen können, wie das Königsgemüse gestochen wird. Auch heute noch, trotz moderner Technik, ist Spargelernte Handarbeit. Frische Produkte direkt vom Hof oder aus der Region wie Spargel, Marmelade, Schinken, Wurst, Käse, Nudeln, Säfte und Weine bietet der Hofladen an. **www.bauernhof-reichelt-plauamsee.de**

TIPPS & INFOS

FREIZEIT: In der Nähe gibt es eine Vielzahl an Ausflugsmöglichkeiten wie die Gesundbrunn Vital-Oase mit Schwimmbad und Sauna in Plau am See, den Bärenwald Müritz, das Schweriner Schloss oder den Leuchtturm von Plau am See.

RAD/WANDERN: Eine Fahrradtour um den Plauer See oder die Seebrücke oder die Wanderrunde im Plauer Stadtwald erfordern keine besonderen konditionellen Voraussetzungen und sind ideal für Familien.

NATUR: Den Natur- und Sternenpark Nossentiner/Schwinzer Heide prägen weite Kiefernwälder, zahlreiche Seen, Moore, Dünen, Feuchtwiesen, Trockenrasen und Heiden.

INFO: **www.plau-am-see.de, www.mueritz-nationalpark.de**

Nah an der Nordsee genießt man den perfekten Mix aus Ruhe, Sehenswürdigkeiten (hier in Greetsiel) und Aktivitäten am Wasser.

Ein Spaß für alle Kinder:
knietief im Watt versinken

81 GROOT PLAATS

Nachbar Wattenmeer

Direkt am Nordseedeich, ganz im Westen Ostfrieslands und nur wenige Kilometer von dem Kurort Norddeich und der Stadt Norden entfernt, liegt der Ferienhof Groot Plaats. Kilometerlange Badestrände treffen hier auf unberührte Salzwiesen, friesische Gelassenheit trifft auf sportliche Herausforderungen beim Kitesurfen, und Ebbe trifft auf Flut. Die Gezeiten machen das Wattenmeer zum Schauplatz eines einzigartigen Naturspektakels, an dem die Urlauber auf dem Bauernhof täglich Anteil nehmen. Rund um den Ferienhof dominiert die Farbe Grün. Nicht nur im Sommer ist Ostfriesland eine Reise wert, auch im Frühjahr, Herbst und Winter hat die nur scheinbar einförmige Natur viel zu bieten. Die Landschaft reicht hier bis zum Horizont, der Wind sorgt für klare, heilkräftige Luft, und die Kids haben ausreichend Platz zum Toben. Der Hof liegt nur 20 Meter vom Deich entfernt, so dass man die Nordsee und das Wattenmeer in vollen Zügen genießen kann. Vom Nordseedeich aus kann man traumhafte Sonnenuntergänge beobachten und bis zu den ostfriesischen Nordseeinseln Juist und Norderney blicken. Doch nicht nur Richtung Meer, auch an Land gibt es einiges zu entdecken: Im Frühjahr, Sommer und Herbst bestimmen die Aussaat, das Heranwachsen und die Ernte der Pflanzen den Tagesablauf. Die Kleinen und Großen erleben den Einsatz der landwirtschaftlichen Maschinen hautnah mit. Während es die Mädchen eher in den Pferdestall zieht, findet man die Jungs – und oftmals die Väter – meistens in der Maschinenhalle. Die Tiere lieben natürlich alle: Mitten auf dem Hofgelände findet man die beiden Ziegen Lulu und Lala, die sich über Streicheleinheiten und trockenes Brot und Gemüse freuen. Die Ponys mögen es, von kleinen Kinderhänden gestriegelt und verwöhnt zu werden, und auch die sechs Pferde bekommen viel Aufmerksamkeit. Natürlich kann man gern sein eigenes Pferd mitbringen. Die verschmusten und anhänglichen Kater Oskar und Elmo finden sich immer dort, wo viel los ist oder sie gestreichelt werden. Dazu kommen noch Kaninchen und Meerschweinchen, die in den Sommermonaten im großzügigen, frei zugänglichen Gehege im Garten wohnen. Zum Toben und Spielen gibt es den großen Spielplatz – und für gemütliche Grillabende die Grillecke am Gartenhaus. Die liebevoll eingerichteten Ferienwohnungen sind mit allem ausgestattet, was das Herz begehrt – 24 Stunden beste Nordseeluft gibt es gratis obendrauf. **www.groot-plaats.de**

»BADESTRÄNDE TREFFEN AUF UNBERÜHRTE SALZWIESEN UND FRIESISCHE GELASSENHEIT AUF SPORTLICHE HERAUSFORDERUNGEN.«

Groot Plaats

TIPPS & INFOS

RAD: Die beiden Städte Norddeich und Greetsiel erreicht man vom Hof aus mit dem Fahrrad.

FREIZEIT: Wassersportbegeisterte surfen, kiten oder paddeln mit dem Kanu auf geschützten Kanälen, von denen einige nur mit dem Rad oder zu Fuß zugänglich sind. Als Ausflugsziele empfehlen sich der Familienstrand Dornumersiel, der Babystrand oder Friesenstrand Tossens, die Nordsee-Lagune Burhave oder der »Funny Beach« Neuharlingersiel. Golfer finden im Golfclub Schloss Lütetsburg und Freunde hoher Geschwindigkeiten auf der Kartbahn Brookmerland die besten Rahmenbedingen.

INFO: **www.die-nordsee.de**

In Sehestedt am Strand entsteht eine wundervolle Immobilie aus Sand.

82 HOF HINTERM DEICH

Ankommen und Wohlfühlen

Direkt am Nordseedeich des Jadebusens, zwischen Varel mit seinem schönen Hafen und Butjadingen, duckt sich in Jade-Schweiburg der Hof hinterm Deich in seinen herrlich üppigen Garten. Über viele Generationen wurde hier Landwirtschaft betrieben. Bei Sehestedt ist das vor dem Deich gelegene, weltweit einmalige »Schwimmende Moor« eine besondere Attraktion, über die ein Lehrpfad informiert, der durch die Salzwiesen führt. Natürlich kann man direkt in der Nordsee im sieben Kilometer entfernten Strandbad Sehestedt baden und planschen oder am Strand Sandburgen bauen, Muscheln sammeln und das Meerwasser genießen. Der Hof bietet zur Erholung viel Ruhe in dem großen historischen Bauern- und Landschaftsgarten mit altem Baumbestand, üppig blühenden Rosen, Hortensien und Stauden. Die Kinder streicheln die Tiere am Hof oder vergnügen sich im Schatten alter Bäume auf dem Spielplatz mit Spielhaus, Sandplatz, Spielgeräten und Riesenkettcars. Auf dem Holzpferd wird fürs echte Ponyreiten auf dem Reitplatz oder in der Reithalle geübt. Bei schlechtem Wetter steht ein Raum mit Tischtennis, Tischfußballspiel, Malecke, Spielbauernhof und Duplo-Steinen zur Verfügung. **www.hof-hinterm-deich.de**

TIPPS & INFOS

RAD/WANDERN: Die wunderschöne Umgebung von Jade-Schweiburg bildet den Rahmen für eine Vielzahl an sportlichen Betätigungen: Man kann entlang der Deutschen Sielroute zu Deichschäfereien radeln, wandern, walken oder joggen.

FREIZEIT: Eine Wattwanderung schafft unvergessliche Urlaubserinnerungen, genauso wie eine Kanutour auf der Jade oder ein längerer Bootsausflug weit hinaus auf die Nordsee. Von der Küste aus kann man alle Ostfriesischen Inseln erreichen, die einen Tagesausflug wert sind.

INFO: **www.nordsee-jadebusen.de**

Eine Wattwanderung ist ein absolutes Muss für die kleinen und großen Besucher.

83 KÜSTENHOF OLDEWURTEL

Hofleben am Weltkulturerbe

Wind, Wellen und das Wattenmeer, nur 300 Meter von der Nordsee entfernt – das ist der Küstenhof Oldewurtel in Norden. Urlauber genießen hier das Meer und den Sand mit allen Sinnen, sie können spielen, planschen und den faszinierenden Wechsel von Ebbe und Flut beobachten. Am Rande der bezaubernden Landschaft des UNESCO-Weltnaturerbes Wattenmeer liegt der mit Ackerbau und Viehhaltung voll bewirtschaftete Bauernhof Oldewurtel. Während die Großen im Garten in windgeschützten Sitzecken oder am Gartenhaus entspannt ein Buch lesen, toben die Sprösslinge nach Herzenslust auf dem Hof herum. Sie amüsieren sich am großen Spielplatz mit Trampolin, mit dem Kinderfuhrpark, in der Spielhütte bei Tischtennis, Tischkicker, Darts und am Kinderbillardtisch. Oder sie besuchen die Kälber, Jungtiere, das Schweinchen Elsa, die Kaninchen und Katzen, die Ponys sowie das Pferd und die freilaufenden Hühner. Für die Knirpse gibt es extra einen Sandkasten, eine Schaukel mit Baby- und Nestschaukel, Bobby-Car, Dreirad und ein Holzpferd. Und für die schönsten Bilder im Urlaubsfotobuch sorgen die atemberaubenden Sonnenuntergänge. **www.kuestenhof-oldewurtel.de**

TIPPS & INFOS

FREIZEIT: Norddeich bietet zahlreiche Aktivitäten: So liegen der große Badestrand mit Surf- und Kiteschule, das Erlebnisbad Ocean-Wave, der Wellenpark oder der Abenteuer-Minigolfplatz ganz in der Nähe. Interessant sind auch die Seehundaufzuchtstation, das Waloseum in Norddeich oder die Stippvisite auf einer Ostfriesischen Insel. Norden ist die älteste Stadt Ostfrieslands. Hier gibt es viele historische Bauten und zwei Teemuseen zu sehen. Für Angelfreude sind die Makrelenkutter im Hafen ebenso interessant wie die umliegenden Binnengewässer.

INFO: **www.norddeich-infos.de**

Ein Ausflug zum Hennesee bietet alles, was Wassersportler wünschen.

84 FERIENHOF KOTTHOFF

Auszeit vom Alltag

In unmittelbarer Nähe zur Hennetalsperre, südlich des Naturparks Arnsberger Wald an der Ruhr, befindet sich in acht Kilometern Entfernung von Meschede der Ferienhof Kotthoff. Am gestauten Hennesee gibt es zwei Badestellen im Hauptbecken und eine weitere im Vorbecken Mielinghausen, wo man schwimmen, Boot fahren, segeln, baden, planschen und sich entspannen kann. Auch ein Tauchplatz ist ausgewiesen. An Tagen, die nicht zum Wassersport einladen, gibt es auf dem landwirtschaftlich aktiv betriebenen Ferienhof auch allerhand zu entdecken. Der Hof baut unter anderem Gerste, Weizen und Raps an. Der Raps wird zur Ölmühle ins nahegelegene Hamm geliefert. Hier leben Schweine, Puten, Schafe, Kaninchen, ein Hund, Pferd und Pony. Das angebaute Getreide ist ausschließlich den eigenen Schweinchen vorbehalten. Auf der großen Hoffläche können sich die kleinen Gäste mit einem Kinder-Fuhrpark mit Bobby-Cars, Kettcars, Trampeltreckern und Fahrrädern beschäftigen. In der Spielscheune befinden sich eine Tischtennisplatte, ein Kicker und ein Spieltisch. Am Spielplatz mit Sandkasten, einer Schaukel, Rutsche, Wippe, einem Kinderhaus auf Stelzen und dem Baumhaus steht weiterer Raum zum Spielen und Toben zur Verfügung. Außerdem gibt es einen Fußballplatz, der auch als Reitplatz genutzt werden kann. Die Großen bereiten inzwischen das Stockbrot für einen gemütlichen Grillabend vor. Übrigens wachsen in den Wäldern rund um den Hof außer Fichten und Laubbäumen auch Weihnachtsbäume.
www.ferienhof-kotthoff.de

TIPPS & INFOS

RAD/WANDERN: Am Hennesee führen gekennzeichnete Wanderwege durch Wälder, Wiesen und Fachwerkdörfer. Entlang des Randwegs geht es einmal um den See.

FREIZEIT: Das Passagierschiff »MS Hennesee« schippert auf festgelegten Routen über den See und nimmt gern Radler mit, denen die Umrundung zu lang dauert. Motivierte steigen die 333 Stufen den Staudamm hinauf oder absolvieren die zehn Mitmach-Stationen am SinnePfad. Besonders in der Dämmerung bietet die beleuchtete Staudammtreppe ein beeindruckendes Fotomotiv. In Meschede lohnt die Abtei Königsmünster, ein benediktinisches Kloster, den Besuch.

INFO: **www.hennesee-sauerland.de**

Petershagen an der Weser. Im Hintergrund ist das Kaiser-Wilhelm-Denkmal von Porta Westfalica zu erkennen.

85 RITTERGUT SCHLÜSSELBURG

Unbeschwerter Weserurlaub

Das dürfte einmalig sein in Deutschland – ein Bauernhof, dessen Geschichte auf das Vorwerk einer preußischen Domäne zurückgeht. Doch während die Preußen längst Geschichte sind, liegt das Rittergut Schlüsselburg bis heute in unmittelbarer Nähe zur Weser in Petershagen am nördlichen Rand von NRW. Um einen Eindruck der schönen Umgebung zu erhalten, paddelt man am besten gleich mit einem der hofeigenen Kanus los. Angler können an der Weser oder in Schlüsselburg am Teich ihre Ruten auswerfen. Entlang des Weserufers gibt es einige schöne Plätze, die zum Verweilen und Entspannen einladen. Die weitläufige Hofanlage mit Garten und Park eignet sich ideal für Ruhe- und Erholungssuchende – und ihren neugierigen Nachwuchs, denn auf Gut Schlüsselburg können die Kids einiges entdecken, vor allem die vielen Tiere, wie die 20-köpfige Ammenkuhherde, die acht Kleinpferde und Ponys oder die freilaufenden Hühner. Das Rittergut bietet auch Reitunterricht und geführte Ausritte an, außerdem stehen Leihfahrräder zur Verfügung. Wer möchte, bringt das eigene Pferd einfach mit. Auf den landwirtschaftlichen Nutzflächen wird überwiegend Ackerbau betrieben. Auf 570 Hektar Fläche wachsen Weizen, Raps, Wintergerste, Zuckerrüben und Triticale, eine Kreuzung aus Weizen und Roggen. Aber auch Grünland, Stilllegungsflächen und Wald gehören zum Besitz. Außerdem baut die Familie Hüneke Spargel für die Direktvermarktung auf dem Hof an und verkauft ihn von April bis Juni im Hofladen. Gäste in den Ferienwohnungen können das Frühstück bestellen. **www.rittergut-schluesselburg.de**

TIPPS & INFOS

RAD: Am Rittergut führen mehrere schöne Fahrradstrecken vorbei, beispielsweise die Westfälische Mühlenstraße, die 43 Mühlen zu einer Route verbindet. Die Storchenroute in der Petershäger Weseraue besucht auf rund 50 km brütende Weißstörche. Der Weserradweg ist eher ein eigenes Ferienprojekt: Er verläuft 500 km am Fluss entlang.

FREIZEIT: Der Dinosaurierpark in Münchehagen, die Schmetterlingsfarm und das Insektenmuseum in Steinhude oder das Westfälische Storchenmuseum in Windheim sind Sehenswürdigkeiten der näheren und weiteren Umgebung.

INFO: **www.mittelweser-tourismus.de**

Urlaub mit Schwung: eine herrliche Tobestunde in der Hängematte

»Ein großer Garten und die Ostsee gleich um die Ecke«

86 Evershof

Der Landglückhof

Auf der Landzunge des Travemünder Winkels, vom Meer umgeben und eingebettet in die Weite der Natur, verheißt der Evershof in Travemünde 365 Tage Urlaubsglück. Die Erholung beginnt dort, wo man das Meer sehen kann, und hier gibt es – soweit das Auge reicht – blaues Meer, urwüchsige Steilküsten und schöne Strände. Der 4,5 Kilometer lange, feinsandige Travemünder Strand erstreckt sich von der Halbinsel Priwall, unterbrochen durch die Travemündung, bis zum Brodtener Steilufer, und beide liegen vom Evershof fast nur einen Steinwurf entfernt und sind fußläufig erreichbar. Der Sandstrand, Grünstrand und das Brodtener Ufer mit einem bis zu 20 Meter hohen Steilufer lohnen bei jedem Wetter den Besuch. Man kann hier schwimmen, planschen und sich einen Strandkorb mieten und Strandspielzeug ausleihen. Aber auch bei schlechtem Wetter bietet der Strand viel Abwechslung, um mit den Kleinen Steine zu sammeln und mit jedem Schritt die gute Luft einzuatmen. Falls die Kids einen Tag am Hof verbringen wollen, ist auch hier genügend geboten: Es gibt Bauernhoffahrzeuge, Spielplätze, Sandkisten und Schaukeln, um sicher zu toben und zu spielen. Die zahmen Streicheltiere – Schafe, Kaninchen, Meerschweinchen, Ziegen, Hunde und Katzen – freuen sich auf Besuch und warten auf liebevolle Zuneigung der kleinen und großen Gäste. Dazu gibt es noch Pferde und Ponys, auf denen man in der Reithalle reiten darf. Währenddessen suchen sich die Erwachsenen ein ruhiges Plätzchen auf einer der gemütlichen Liegen im Bauerngarten oder sie erholen sich bei einer Lesestunde in der Hängematte, bei einem Strandkorbschläfchen oder dem Bauerngarten-Genießerstündchen mit wiehernden Pferden und mähenden Schafen als Hintergrundchor. Gemeinsam genießen dann Groß und Klein den Sonnenuntergang am Lagerfeuer, backen Stockbrot und kochen am Lagerfeuer. Oder sie verbringen die Zeit in den stilvoll ausgestatteten und geräumigen Ferienwohnungen. Auf dem Hof finden alle ihren individuellen Kraftplatz direkt am Meer und auf dem Land. Jede Jahreszeit hat ihren ganz eigenen Reiz: Der Duft der Lindenallee im Frühjahr, das Meeresrauschen im Sommer, die brausenden Stürme im Herbst oder die hohen Wellen im Winter – Sonne, Meeresbrise und vorwitziges Möwengeschrei sind immer inklusive. **www.evershof.de**

Tipps & Infos

FREIZEIT: An der Ostsee gibt es viel zu entdecken, zu erleben und zu genießen! Speziell das Ostseebad Travemünde begeistert mit zahlreichen maritimen Kulturdenkmälern und Plätzen. Dort sollte man unbedingt die Viermastbark »Passat«, den Alten Leuchtturm, die Molen, die Strandpromenade, Vorderreihe und Vogteigebäude besuchen. Oder man flaniert auf dem Promenadenrundlauf, der entlang der beiden Traveufer die Travepromenade mit der neuen Priwallpromenade verbindet.

INFO: **www.travemuende-tourismus.de**

Schon seit mehr als 200 Jahren gibt es Badekarren am Strand von Travemünde.

Klotstöcke heißen die Stäbe, mit denen man sich über Gräben schwingen kann (links). Der Bauernhof Familie Wulff liegt inmitten blühender Rapsfelder (rechts).

87 FERIENHOF DETHLEFSEN AM MEER

Ferien mit Nordsee-Feeling

Nordseeluft, der hohe Himmel und das blaue Meer, die weite Landschaft und herrliche Sonnenuntergänge bleiben als unvergessliche Eindrücke eines Urlaubs auf Pellworm zurück. Das Motto bei Dethlefsen: ankommen, abschalten und den Alltag auf dem Festland zurücklassen. Der Inselhof bietet beste Voraussetzungen dafür – unmittelbar am Nordseedeich gelegen, reicht der Blick übers Wattenmeer bis zu den Halligen. Der Badestrand liegt 150 Meter entfernt. Hier heißt es, Schuhe ausziehen, Sand und Wind spüren und in die Fluten stürzen. Wer zur Abwechslung einen ganzen Tag am Hof verbringen möchte, findet zahlreiche Streicheltiere, allen voran den roten Kater Findus. Es gibt einen Spielplatz im Garten mit Fußballtor, Trampolin und viel Raum zum Toben. Bei schlechtem Wetter versprechen in der Indoor-Spielscheune eine Sandkiste, Tischtennis, Tischfußball, Darts, Basketballkorb, Bücher und jede Menge Spielsachen Ablenkung. Die Großen entspannen solange in der Vollholzsauna oder auf einer der drei Sonnenterrassen, auf denen es auch eine Grillmöglichkeit gibt. Der Hof bietet einen Einkaufs- und Brötchenservice. Die hier genutzte Energie wird zu 100 Prozent durch vor Ort erzeugte Wind- und Solarkraft gewonnen, u. a. durch die Photovoltaikanlagen auf dem Dach, geheizt wird ausschließlich CO_2-neutral. Da kann auch das Umweltgewissen mal Urlaub machen. **www.ferienhof-dethlefsen.de**

TIPPS & INFOS

FREIZEIT: Die Marschinsel Pellworm liegt im Herzen der Insel- und Halligwelt des Nationalparks Schleswig-Holsteinisches Wattenmeer und eignet sich ideal zum Radfahren, für Wattwanderungen, Joggen, Nordic Walking, zum Reiten im Watt oder für den Angelurlaub. Rund um den Pellwormer Hafen gibt es viele Wanderrouten, die unter dem Stichwort »Zu Fuß unterwegs in Hafennähe« auf der Webseite stehen.

FREIZEIT: Besondere Sehenswürdigkeiten sind die Alte und Neue Kirche, das Wattenmuseum, das Inselmuseum, der Leuchtturm oder die Nordermühle.

INFO: **www.pellworm.de**

»Nur 500 Meter hinterm Nordseedeich beginnt echtes Landleben mitten in der Natur.«

88 Bauernhof Familie Wulff

Wohnen am Deich

In Nordfriesland direkt an der Nordseeküste liegt in Reußenköge der Bauernhof der Familie Wulff zwischen Feldern und Deich. Knapp 500 Meter hinter dem Nordseedeich beginnt hier ein Urlaub auf dem Bauernhof, auf dem man noch unverfälschtes Landleben erlebt. Der Hof mit Ackerbau, Schweinehaltung und der Produktion von Biogas ist ein modernes landwirtschaftliches Unternehmen, das besonderen Wert auf hochwertige Lebensmittel legt. Rund um den Hof werden Gerste, Weizen, Raps und Zuckerrüben angebaut, die eingelagert werden. Außer der riesigen Erlebniswelt Wattenmeer warten auf die Knirpse am Hof die Spielscheune, der Spielplatz mit Fußballtoren, Basketballkorb, Rutsche, Schaukel, Wippe und ein wahrer Fuhrpark an Kettcars und Kinder-Traktoren. Hier leben Kaninchen, und auch die Ponys und der Esel freuen sich über Streicheleinheiten. Auf den Ponys kann man reiten. Eine schöne Motivation für den Spaziergang sind die Schafe und Lämmer hinter dem Deich. Neben Spaß und jeder Menge Trubel bietet der Bauernhof aber auch Platz für Ruhe und Gelassenheit. Das fängt schon bei einem Frühstück mit frischen Brötchen vom Bäcker an. Im Gartenpavillon, der den ganzen Tag offensteht, kann man verweilen, träumen und lesen. Oder man entspannt auf den Liegestühlen, während die Sprösslinge über den Hof rennen und ihren Spaß haben. **www.familie-wulff.de**

Tipps & Infos

RAD/WANDERN: Die Umgebung bietet ideale Möglichkeiten für Aktivitäten auf flachen Wegen – Spaziergänge, Reitausflüge oder Joggen und Walken. Ausgeschilderte Radwege und -routen versprechen vielfältige Eindrücke. Zum Pflichtprogramm gehören eine Wattwanderung und ein Besuch auf der Hallig Nordstrandischmoor.

FREIZEIT: Das Rote Kliff, den Böhler Leuchtturm, die Eisdiele »Der Eis-Däne« in Nieblum und Touren entlang der Salzwiesen sollte man sich nicht entgehen lassen.

INFO: **www.wattenmeer-weltnaturerbe.de**

Der Leuchtturm von Westerheversand gilt als einer der schönsten an der Nordsee.

Lämmer, die gesund und munter ins Lebens starten

89 SCHÄFERHOF DIRCKS

Die aktive Schäferei

Weiße Sandstrände am UNESCO-Weltnaturerbe Wattenmeer, verträumte Fischersiedlungen und der bildschöne Leuchtturm Westerheversand, im Hinterland majestätische Haubarge auf mächtigen Warften, romantische Kirchen und Gasthöfe, dazwischen kleine Grachten und künstliche Kanäle, die die Felder durchziehen – das ist die Halbinsel Eiderstedt. Hier liegt in Westerhever der Schäferhof Dircks in ruhiger Lage auf einer historischen Warft, nur zwei Kilometer von der Nordsee entfernt. Westerhever ist ein Paradies für alle Badenixen und Sonnenanbeter und lädt dazu ein, in der Nordsee zu baden. Auf dem Hof können Eltern den Alltag vergessen, die Seele baumeln lassen und mal so richtig entspannen, während die Kids toben und spielen, Neues entdecken und kleine Abenteuer am großen Gartenteich erleben. Das Hofgrundstück ist eingezäunt und umfasst fast 9000 Quadratmeter mit seinem großen Garten und den alten Obstbäumen. Auf dem Kinderspielplatz gibt es eine Babyschaukel, Schaukeln für die Großen, Sandkasten mit Spielzeug, Klettermöglichkeiten und Fußballtore. Der alte Schafstall dient heute als Spielscheune und ist mit einem großen Trampolin, Tischtennis und Kicker ausgestattet. Diverse Kinder-Autos sorgen für weitere Abwechslung auf dem Hof. Ansonsten freuen sich die Kids auf das tägliche gemeinsame Füttern der Tiere, eine spannende Bootsfahrt mit dem hauseigenen Paddelboot auf dem Teich, oder sie beobachten die Fische, die man aus dem Teich angeln kann. Auf keinen Fall die Gummistiefel für eine Wattwanderung vergessen! Dabei sieht man mit ein wenig Glück die Robben auf der Sandbank vor Stufhusen und unzählige Arten von Vögeln. Am besten bringt man auch noch einen Drachen mit – an den meisten Tagen im Jahr weht hier eine frische Brise. Außer der Familie Dircks und ihren Gästen wohnen noch 250 Schafe mit Lämmern, fünf Ziegen, Rinder, unzählige Hühner und in den Sommermonaten einige Puten, Gänse und Enten auf dem Hof. Die Meerschweinchen und Kaninchen verbringen den Sommer im Freigehege im Garten und den Winter im Stall. Zudem gibt es noch Katzen, einen Esel und Ponys. Auf den Shettys dürfen die Kinder reiten. An 365 Tagen im Jahr nehmen die großen und kleinen Gäste am Hofleben teil und begreifen im Wechsel der Jahreszeiten den Wandel der Natur. Sie können kleine Aufgaben übernehmen und beim Misten, Sammeln, Graben, Pflücken oder bei der Ernte mithelfen. Nur bei den Geburten von den Kälbern und Lämmern im Frühling wird ein wenig Rücksicht erwartet, damit die Tierbabys gut und gesund ins Leben starten. Auf dem Hof gibt es einen Frühstücks- und Brötchenservice. **www.schaeferhof-dircks.de**

»EIN PARADIES FÜR BADENIXEN UND SONNENANBETER«

TIPPS & INFOS

NATUR: Die ursprüngliche und unverfälschte Landschaft mit ihrer besonderen Flora und Fauna und die Nordsee mit Ebbe und Flut machen die Umgebung besonders reizvoll. Auf der Halbinsel Eiderstedt erlebt man alle Küstenbereiche auf kleinstem Raum.

FREIZEIT: Der weitflächige Strand von St. Peter-Ording bietet ideale Voraussetzungen für zahlreiche Sportarten. Die meisten davon finden natürlich am oder im Wasser statt. Von Nord nach Süd gibt es fünf Strände, die sich parallel zum Deich und zu den Ortsteilen erstrecken. Jeder Strand hat seinen eigenen Charakter und hält unterschiedliche Angebote bereit.

INFO: **www.stpeterording-travel.de**

VERANTWORTUNG FÜR DIE GESCHENKTE NATUR

... und den Fortschritt nutzen

Kaum eine andere Urlaubsform kommt dem Thema Nachhaltigkeit so nah wie ein Urlaub auf dem Bauernhof. Die Ferienzeit auf den Höfen bietet Gästen viele Eindrücke in puncto Nachhaltigkeit – das beweisen alle Gastgeber in diesem Buch jeden Tag aufs Neue. Auf einem Bauernhof lernen schon die Kleinsten, woher unsere Lebensmittel kommen und wie sie angebaut werden. Aber es geht nicht nur um eigene oder regionale, unverarbeitete Lebensmittel, sondern auch um traditionelle Handwerkskunst, ökologische Bauweisen und die regenerative Strom- und Wärmeversorgung. Und nicht selten inspirieren die Höfe, über die Lebensführung zu Hause nachzudenken.

ERLENHOF
Traditionell und innovativ: Auf dem Erlenhof kann man Landwirtschaft in vielen Prozessen erleben. Das Bauernhaus wurde bis ins Detail ökologisch gebaut, dazu gibt es eine regenerative Strom- und Wärmeversorgung. www.unser-erlenhof.de

DREHER'S ERLEBNISHOF
Kuhwohl und modernste Technologie sind kein Widerspruch. Auf Dreher's Erlebnishof bei Bad Saulgau erzeugt die Biogasanlage Wärme für viele Haushalte im Dorf. Den Strom kann man tanken oder kaufen. www.drehers-erlebnishof.de

ESTERER HOF
Der Fortschritt ist schon längst auf dem Esterer Hof in Seeon-Seebruck eingezogen. Für eine gesunde Umgebung sorgen die Naturholzmöbel, eine regenerative Strom- und Wärmeversorgung und eine Ladestation für Autos. www.estererhof.de

WELLNESSHOF BLENK
Nachhaltigkeit und Naturverträglichkeit sind die Philosophie im Wellnesshof Blenk in Wertach mit seiner nachhaltigen Bauweise, der regenerativen Strom- und Wärmeversorgung und der Ladestation für E-Autos. www.wellnesshof-blenk.de

BAUERNHOF BÜCHSENSCHÜTZ
Milch ohne Gentechnik, Milcherzeugung auf Basis des hofeigenen Futters sowie eine regenerative Strom- und Wärmeversorgung praktiziert der Bauernhof Büchsenschütz im nordhessischen Vöhl. www.edersee-bauernhof.de

ERLENHOF IM ODERBRUCH
Am Erlenhof dreht sich alles ums Schaf und die Nachhaltigkeit: Selbst hergestellte Produkte, nachhaltige Bauweise, regenerative Strom- und Wärmeversorgung und eine Ladestation für Autos gehören dazu. www.erlenhof-im-oderbruch.de

Im Bauernhof-Kräutergarten holt man sich Anregungen für zu Hause.

URLAUB UNTERM REET
Der Hof in Schattin in Ostseenähe setzt auf dampfdurchlässige Lehmbauweise, die Verwendung alter Materialien und eine regenerative Energieversorgung. www.reetdachurlaub.de

OKELMANN'S
Der Mensch und die Erde stehen in Warpe bei Okelmann's im Mittelpunkt. Sie verwenden nur regionale Produkte und beziehen ihre Energie über ein Blockheizkraftwerk und eine Photovoltaikanlage. www.okelmanns.de

FERIENHOF KREY
Windmühlen und Photovoltaik nutzt der Ferienhof Krey in Neufelderkoog zur Stromgewinnung. Warmwasser wird mit Wärmekollektoren erzeugt und die Wärmerückgewinnung für die Kühlhäuser genutzt. www.ferienhof-krey.de

LANDHAUS SCHULTE-GÖBEL
In Schmallenberg erzeugt der Ferienhof Schulte-Göbel den eigenen Strom zu 40 Prozent über die Photovoltaikanlage. Die Wärme produziert die eigene Holzpelletheizung CO_2-neutral. www.schulte-goebel.de

Ein Meer aus Sonnenblumen

Wir fühlen uns einfach sauwohl!

Auf den vorgestellten Bauernhöfen erwarten Camper idyllische Zelt- und Stellplätze inmitten schöner Landschaften.

BAUERNHOF MIT STELLPLATZ

Urlaub im Zelt, Van oder Wohnmobil

Urlaub im Zelt, Van oder Wohnmobil

Urlaub im Zelt, Van oder Wohnmobil

Ferienglück zwischen Kälbchen und Obstwiese: Für alle Familien – mit oder ohne Kinder –, die es lieben, mit dem Wohnmobil zu verreisen oder zu zelten, ist Camping auf dem Bauernhof genau das Richtige. Weit weg vom Trubel der klassischen Campingplätze bieten viele Bauernhöfe Stellplätze für Wohnmobile, Vans, Wohnwagen und Zelte an. Getoppt mit Bauernhof-Feeling pur!

Bereits das Camping ist für die meisten Kinder ein großes Abenteuer. Noch spannender wird es, wenn man in freier Natur zeltet oder im Wohnwagen auf einem Bauernhof übernachtet – eine ideale Kombination. Die Bauernhöfe liegen meistens wunderschön, naturnah und mitten im Grünen. Und auf dem Bauernhof sein Zelt aufzuschlagen oder den Wohnwagen abzustellen, bedeutet Campen mit viel Platz zum Toben, mit großen Spielplätzen, weiten Wiesen, Feldern oder Wäldern. Über die vielen Tierbegegnungen und Frühstück mit frischen Produkten vom Hof braucht man nicht extra zu sprechen. Wer einmal Camping auf einem Ferien- oder Bauernhof gemacht hat, wird immer wieder zurückkommen und die konventionellen Campingplätze mit überfüllten Duschräumen, lauten Nachbarn und engen Stellplätzen nicht vermissen. Zudem stellen die Höfe auch die gewohnte Ausstattung wie Stromanschluss, Frischwasserversorgung und sanitäre Einrichtungen zur Verfügung.

TOP 5 DER BAUERNHÖFE

Hof Gottenau – Natur pur und stilvolles Campen auf einem wunderschönen Erlebnis- und Vollerwerbs-Biobauernhof im oberbayerischen Fischbachau

Hofgut Hopfenburg – mitten im Biosphärengebiet Schwäbische Alb aufwachen, den weiten Blick über die Wiesen genießen und voll ins Landleben eintauchen

Kirnermarteshof – Lieblingsplätze, die Abenteuer verheißen, und Momente, die ein Leben lang bleiben, gesammelt im Schwarzwald in Oberried

Bernsteinreiter Barth – Erlebnisreiterhof mit Ferienpark und Natur-Campingplatz für unvergessliche Erlebnisritte entlang des Boddens und der Halbinsel Darß

Erlebnisbauernhof Lindenhof – in Ahneby direkt am Wattenmeer erlebnisreiche und erholsame Urlaubstage verbringen, mit zahlreichen Tieren in Streichelnähe

Auf dem Hofgut Hopfenburg im Biosphärenreservat Schwäbische Alb übernachtet man ungewöhnlich – und wird als Helfer geschätzt.

90 HOFGUT HOPFENBURG

Heimat von bedrohten Tierrassen

Weite Hochebenen, Schluchten und kleine Flussläufe, reizvolle Städtchen und romantische Burgruinen prägen den Charakter der Schwäbischen Alb. Inmitten der Streuobstwiesen und der Wacholderheiden des Naturreservats Beutenlay liegt in Münsingen das Hofgut Hopfenburg. Dort kann man im Schäferwagen kuscheln, im stillen Biosphärengebiet aufwachen, den weiten Blick über Wiesen genießen und voll ins Landleben eintauchen. Auf dem Bauernhof des Guts werden alte und gefährdete Haustierrassen wie Waldschafe, Hinterwälder-Rinder oder die beiden Poitou-Esel Beppo und Robin gehalten. Beppo können die Gästekinder sogar mit nach Hause nehmen: Er stand Vorbild für einen Steiff-Stofftieresel. Und noch etwas zeichnet den Hof aus: Hier wurden sinnvolle Arbeitsplätze für Menschen mit Handicap geschaffen – so sieht gelebte Integration aus.
Wohnwagen, Wohnmobile und auch Zelte sind auf dem großen Gelände willkommen. Zudem stehen Schlafmöglichkeiten im nordamerikanischen Indianertipi, in kirgisischen Jurten sowie in Zirkus- oder Schäferwagen bereit. Ein Frühstücksbuffet, der Brötchenservice, ein Gemeinschaftskühlschrank und eine Grillhütte tragen zur guten Versorgung der Camper bei. Im Hofladen gibt es regionale Lebensmittel wie Milch, Eier, Butter, Wurst, Käse, aber auch Handarbeiten und Eine-Welt-Produkte zu kaufen. An den Stellplätzen findet man Familienbadkabinen, Strom-, Wasser- bzw. Abwasseranschluss sowie Waschmaschine und Trockner. WLAN ist eingeschränkt verfügbar. **www.hofgut-hopfenberg.de**

TIPPS & INFOS

NATUR: Im Biosphärengebiet Schwäbische Alb erfährt man auf einer Ausstellungsfläche von rund 450 m^2 mehr über Biosphärenreservate weltweit, die heimischen Wälder, über Imkerei, Beweidung und die Stadt-Land-Beziehung in der Region.
FREIZEIT: Die Albtherme Bad Urach, der Kletterwald Laichingen und das Schloss Lichtenstein liegen in der Nähe.
WANDERN: Die Umgebung eignet sich ideal für viele individuelle Halbtages- oder Tagestouren wie die Wanderung durch die Wacholderheide Digelfeld.
INFO: **www.schwaebischealb.de**

»WER MIT ANFASST, ERLEBT ZWEIERLEI – DIE LUST AM MITMACHEN UND DAS GEFÜHL, WIRKLICH ZU HELFEN.«

91 KIRNERMARTESHOF

Natur und Luxus

Tief eingebettet in die grünen Wälder des Feldbergs, liegt in Oberried im Schwarzwald der Kirnermarteshof. »Ein Ort, der nie außer Atem, aber immer in Bewegung ist«, so sieht es die junge Besitzerfamilie Jautz. Auf dem Hof gibt es Lieblingsplätze, die Abenteuer verheißen, und Tiere, die sich immer über Streicheleinheiten freuen. Die Wellnessanlage, das Hof-Lädele und -Stüble sowie die Brennerei lassen keine Wünsche offen. Die Kids holen die Tiere von der Weide, füttern, melken, tränken sie, misten aus, fahren auf dem Traktor mit, spielen am großen Abenteuerspielplatz oder gehen reiten. Falls man in den Südschwarzwald starten möchte, ist man hier auf dem besten Weg. Ob Wohnwagen, Wohnmobil oder Zelt – am Kirnermarteshof ist alles möglich. Es gibt neue Sanitäranlagen mit Fußbodenheizung, Waschmaschine und Trockner, einen Geschirrspülraum sowie eine Wasserver- und -entsorgung für Wohnwagen und Wohnmobile. Der Saunabereich zur privaten Nutzung, die Holzzuber für Milch- und Honigbäder und der Außen-Whirlpool bieten viel Luxus. Nicht nur die Knirpse freuen sich über die Tischtennisplatte, den Spielplatz mit Wasserpumpe und den direkten Zugang zum Bach. Das Hof-Lädele hat Produkte aus der Region wie Bauernwürste, Wurst, Speck, Honig, Marmelade oder Nudeln, frische Eier, Kartoffeln und Bergkräuter-Salz oder Arnika-Öl im Angebot. **www.kirnermarteshof.de**

TIPPS & INFOS

FREIZEIT: Oberried, Freiburg und der Schwarzwald bieten eine Vielzahl an Freizeitmöglichkeiten wie Nordic Walking, Inline-Skaten, Skifahren und Langlaufen. Wer Lust hat, entscheidet sich spontan für einen Stadtbummel in Freiburg oder einen Zoobesuch in Basel. Feinschmecker lassen sich auf ein Rendezvous mit dem Elsass ein.

RAD/WANDERN: Über tolle Radwege, wie die durch das Obere Wiesental, kann man den Schwarzwald auf zwei Rädern erkunden – oder zu Fuß auf Themenwanderwegen und Waldlehrpfaden wie den Wichtelpfad Feldberg gehen. So lernen Kinder spielerisch die Natur kennen.

INFO: **www.schwarzwald-tourismus.info**

92 HOF GOTTENAU

Natur pur und stilvolles Campen

Camping auf einem wunderschönen und exklusiven Erlebnis- und Vollerwerbs-Biobauernhof ist am Hof Gottenau in Hundham-Fischbachau am Schliersee möglich. Der Hof liegt abseits großer Straßen und ist umgeben von 20 Hektar Wiesen mit einer wunderbaren Aussicht auf die umliegenden Berge. Trotz der Alleinlage lässt sich in zehn Gehminuten der Ort erreichen. Auf dem Mitmach-Naturhof helfen die Kids beim Melken der Kühe, bei der Feld- und bei den Stallarbeiten, oder sie fahren auf dem Traktor mit, der hier echt bayerisch »Bulldog« heißt. Es gibt sieben Pferde und Ponys sowie einen Reitplatz für alle kleinen und großen Pferdefans. Für Abwechslung sorgen abendliche Fackelwanderungen mit Geisterjagd und das anschließende Würstchengrillen am Lagerfeuer. Der edle Campingplatz ist umgeben von Wiesen, die einen freien Blick auf die Natur eröffnen, allerdings ist das Zelten nicht möglich. Moderne und gepflegte Sanitäranlagen, ein eigenes Privatbad pro Stellplatz, Strom- und Wasseranschluss, WLAN und eine Elektro-Ladestation bilden hier den Standard. Der Hof bietet Brötchenservice am Morgen, frische Bio-Kuhmilch direkt aus dem Stall oder einen leckeren Frühstückskorb, reich gefüllt mit frischen biologisch produzierten und saisonalen Produkten aus der Region. Alle Annehmlichkeiten des Hofs können die Camper mitbenutzen. **www.hof-gottenau.de**

TIPPS & INFOS

FREIZEIT: Bei einem Urlaub im Alpenvorland darf ein Ausflug nach München nicht fehlen. Aber auch Traunstein, Salzburg oder Rosenheim sind einen Besuch wert. Ein weiteres Erlebnis bildet eine Schifffahrt am Schlier- und Tegernsee, oder man taucht in Bad Wiessee in die Unterwasserwelt Aquadome mit ihrem gigantischen begehbaren Aquarium ein. Kletterfans besuchen den Hochseilgarten in Geitau. Im Winter kann man im Skigebiet Sudelfeld skifahren und langlaufen.

WANDERN: Der Wendelstein ist ein Wanderparadies mit vielen weiteren Attraktionen am Gipfel – wie dem GEO-Park, einer Kapelle, der begehbaren Höhle und der Wetterwarte – vom herrlichen Panorama ganz zu schweigen.

INFO: **www.schliersee-bayregio.de**

Nicht nur die Ziegen freuen sich über tägliche Streicheleinheiten.

93 SCHWARZFELDER HOF

Spaß beim Helfen und Spielen

Die Region Bayerisch-Schwaben lockt mit imposanten Burgen, kunstvoll gestalteten Kirchen und Klöstern und wahren Sehenswürdigkeiten in historischen Städten und lieblichen Landschaften. Am Rand der Region zwischen Bayern und Baden-Württemberg liegt außerhalb der Ortschaften Leipheim und Riedheim der Schwarzfelder Hof. Hinter dem Hof beginnt das Naturschutzgebiet Schwäbisches Donaumoos, das größte zusammenhängende Feuchtgebiet Süddeutschlands. Nach der letzten Eiszeit gab die Donau der Flusslandschaft zwischen Neu-Ulm und Donauwörth ihr Gesicht.

Auf dem Schwarzfelder Hof freuen sich die Kinder auf das tägliche kostenlose Ponyreiten, die Mithilfe bei der Fütterung von Kühen, Pferden und Ziegen und auf die riesengroße Spielscheune. Ziegen, Esel, Kaninchen und Hühner sind handzahm und können ausgiebig gestreichelt werden. Zum Rutschen, Schaukeln, Klettern und Baden bietet das große Hofgelände mit eigenem Baggersee jede Menge Platz. Auf dem Campingplatz gibt es ein Frühstücksbuffet, Grillprodukte aus eigener Herstellung und einen Brötchenservice. Man findet Stellplätze mit Strom-, teilweise Wasser- bzw. Abwasseranschluss und eine große Zeltwiese. Duschen, WCs, separate Waschbecken, Spülmöglichkeiten, Waschmaschinen, Trockner und Entsorgungsstationen für Chemietoilette und Brauchwasser runden das Camping-Angebot ab. **www.schwarzfelder-hof.de**

TIPPS & INFOS

FREIZEIT: In der Umgebung des Hofs gibt es einige schöne Baggerseen. Das Steiff-Museum in Giengen ist ein Erlebnis für die ganze Familie genau wie das Legoland in Günzburg. Bei einer sogenannten Lauschtour kann man Bayerisch-Schwaben mit iPod oder Smartphone-App entdecken. Das Augsburger Wassermanagement-System als neue Welterbestätte ist auf jeden Fall einen Besuch wert.

RAD: Rund um die Region gibt es zahlreiche Radwanderwege, die dazu einladen, die Idylle und die Vielfalt des Schwäbischen Donautals zu entdecken – wie der Donauradweg und der Erlebnispfad Donaumoos, die beide in direkter Nachbarschaft zum Hof verlaufen.

INFO: **www.bayerisch-schwaben.de**

In Hammelburg sollte man auf jeden Fall vorbeischauen. Die Weinstadt in Franken gehört zu den 30 ältesten Städten Deutschlands.

94 FORELLENHOF REUSS

Wohnmobilpark mit Aussicht

Mitten in der Natur, im unterfränkischen Landkreis Bad Kissingen, befindet sich der idyllische Forellenhof Reuss. Hier gehören Ruhe, Erholung und eine herrliche Aussicht über das Saaletal zur Ausstattung. Der Hof liegt außerhalb von Hammelburg, der ältesten Weinstadt Frankens. Die Lamas, Hühner, Ziegen, Schweine und Esel auf dem Gelände sind nicht nur etwas für die Kleinen, sondern begeistern auch die erwachsenen Gäste. Das Ausflugslokal mit Terrasse und großem Biergarten bietet vom Gudzerla (den fränkischen Schmankerln) bis zur Steinofenpizza und einem kühlen Bier alles, was das Herz des Genießers begehrt. Der Wohnmobilstellplatz mit 78 großzügigen und sonnigen Parzellen ist terrassenförmig mit Blick über das weitläufige Saaletal angelegt. Es gibt Sanitäranlagen, Strom- und Wasseranschluss, Spülmöglichkeiten, Waschmaschine und Entsorgungsstationen für Chemietoilette und Brauchwasser. An der Rezeption des Stellplatzes kann man jeden Morgen regionale Produkte wie Brötchen und Eier vom Hof bekommen. **www.ausblick-forellenhof.de**

TIPPS & INFOS

FREIZEIT: Als Sehenswürdigkeiten von Hammelburg gelten die südliche Stadtmauer, der Mönchsturm, Schloss Saaleck und das Museum Herrenmühle. Spannende Entdeckungen verheißen die geheimnisvollen Figuren von Hammelburg und die rätselhaften Vorkommnisse auf dem Hammelberg.

WANDERN: Durch die naturnahe Lage gibt es viele Möglichkeiten zum Wandern. Ein Highlight ist der Weinlehrpfad im Schlossweinberg, der in Hammelburg beginnt, oder der Kapellenkreuzweg am Saalecker Berg.

INFO: **www.hammelburg.de**

Im Zuber mitten im Grünen macht das Vollbad nochmal so viel Spaß.

95 HIRSCHHOF HILDEBRANDT

Anerkannter Gesundheitshof

Außerhalb der noch heute erkennbaren Stadtmauern der nordmärkischen Kleinstadt Freyenstein im Nordosten der Ostprignitz befindet sich am Rande eines Grünlandtals und der Mecklenburgischen Seenplatte dieser Kneipp-Gesundheitsbauernhof. Auf dem Bio-Hirschhof Hildebrandt leben schottische Hochlandrinder, Damwild und Mufflonwild sowie eine kleine Herde Miniziegen, zwei Wollschweine, Vorwerkhühner und die Hofhündin. Hier kann man während einer Erlebnis-Traktorkremsertour mit Bauer Horst bei Highland-Rindern und Damhirschen vorbeischauen. Entspannungsangebote halten die zweigeschossige Saunaanlage mit Trockenkabine, Watbecken, Tauchbecken und der Ruheraum mit Kamin bereit. Den Gaumen verwöhnt die hofeigene Bio-Landwirtschaft. Bei Verzehr von Speisen und Getränken am Hof entfällt die Standgebühr. Wenige Wohnmobilstellplätze sind in direkter Hofnähe auf befestigtem Boden vorhanden. Es gibt Sanitäranlagen, Strom- und Wasseranschluss und eine Entsorgung für Toilettenkassetten. Alle Annehmlichkeiten des Hofs können mitbenutzt werden, wie zum Beispiel der Brötchenservice am Morgen. **www.hirschhof-hildebrandt.de**

TIPPS & INFOS

RAD/WANDERN: Der Hof verleiht Fahrräder, mit denen man zu einer Radtour durch die wunderschöne Landschaft und ihren Wäldern, Seen, kleinen Orten mit idyllischen Kirchen und vielen reizvollen Natureindrücken aufbrechen kann.
FREIZEIT: Hier locken der Archäologische Park Freyenstein, die Bischhofsburg mit dem Museum Wittstock an der Dosse, die Sommerrodelbahn und der Affenwald in Malchow, der Elefantenhof in Platschow und das Müritzeum in Waren.
INFO: **www.freyenstein.de**

Vom Schloss Waldeck lässt sich die einzigartige Landschaft der Erlebnisregion Edersee genießen.

96 ASEL-SÜD EDERSEE-PARADIES

Nostalgie für Camper

Auf 7688 Hektar schützt der Nationalpark Kellerwald-Edersee den bodensauren Buchenwald der Mittelgebirge und dessen natürliche Dynamik. Idyllisch im Herzen des Nationalparks auf einer Halbinsel im Edersee erstreckt sich in Vöhl rund um den Bauernhof der Campingplatz Asel-Süd Edersee-Paradies. Auf dem Biobauernhof freuen sich die Kleinen besonders über den Spielplatz, das Esel- und Ponyreiten, auf Eselwanderungen, Eselkutsch- oder Böckewagenfahrten oder wenn sie beim Füttern von Eseln, Hasen und den Ziegen im Streichelzoo mithelfen dürfen. Am Abend schauen einige Waldbewohner wie Waschbären, Dachs oder Fuchs auf dem Campinggelände vorbei. Überhaupt geht es hier erfreulich gelassen zu, und die Betreiber versprechen »nostalgisches Camping wie vor 20 Jahren«. Neben Wohnwagen, Wohnmobilen und Zelten sind auch vorbeiziehende Wanderer, Fahrradfahrer und Hängemattenschläfer willkommen. Man kann aber auch einen Wohnwagen oder eine Wanderholzhütte mieten. Es gibt 14 Stellplätze, einen Zeltplatz, Toiletten-, Dusch- und Waschhäuser, Strom- und Wasseranschluss, Spülmöglichkeiten und Entsorgungsstationen für Chemietoilette und Brauchwasser. **www.camping-asel-sued.eu**

TIPPS & INFOS

FREIZEIT: Beim Baden, Kanu-, Tretboot- und Bootfahren, Segeln, Windsurfen und Angeln lernt man ganz nebenbei die schöne Umgebung kennen. Der Edership-Bootsverleih vermietet schon seit 70 Jahren Boote, im Sun-Park gibt es auch Erlebnisflöße.

RAD/WANDERN: Die Wälder des Nationalparks Kellerwald-Edersee bieten Radfahrern und Wanderern das ganze Jahr über einzigartige Naturerlebnisse. Auf der »Rund um den Edersee«-Radtour fühlt man sich an die Fjorde Skandinaviens erinnert. Als Familien-Wanderspaß gelten »Eddies Edersee Erlebnistour« oder der Natura-Trail.

INFO: **www.nationalpark-kellerwald-edersee.de, www.edersee.com**

Komm kuscheln! Zwei Kükenfreunde

97 CAMPINGPLATZ AM BAUERNHOF

Campen mit viel Platz

Im nordhessischen Bergland, am Rande des Knüllgebirges zwischen Kassel und Kirchheim, erstreckt sich der Campingplatz am Bauernhof in ruhiger Lage bei Niederbeisheim. Auf dem direkt an das Stellplatz-Gelände angrenzenden Bauernhof, der mit Ackerbau und vielen verschiedenen Tierarten im Nebenerwerb geführt wird, kommt bei den Kids so schnell keine Langeweile auf. Im Frühjahr brüten Hühner, Enten und Gänse. So können die Kleinen hautnah die Entwicklung vom Ei über das Ausschlüpfen und vom Küken bis zum ausgewachsenen Huhn, zur Ente oder Gans verfolgen. Außerdem leben hier noch Schweine, Pferde, Hasen und Ziegen. Auf dem Campingplatz in traumhafter Umgebung parken Caravans und Wohnmobile auf teilweise befestigtem Untergrund. Es gibt einen Zeltplatz, eine Vesperstube und Brötchenservice, die Plätze sind mit Strom, Wasser und Abwasseranschluss versehen, zudem ist eine Fäkalienentsorgungsstation vorhanden. Toiletten, Duschen, Waschbecken, Einzelwaschkabinen, Waschmaschine und Wäschetrockner runden das Angebot ab.
www.camping-nordhessen.de

TIPPS & INFOS

FREIZEIT: Das beheizte Freibad liegt nur 400 m entfernt, ist aber ausschließlich in den Sommermonaten geöffnet. Das Lebende Bienenmuseum in Knüllwald-Niederbeisheim, der Wildpark Knüll in Homberg und das Hessische Braunkohle Bergbaumuseum in Borken lohnen den Besuch. Ansonsten locken Bobbahn, Kletterpark und Indoor-Spielplatz in Frielendorf und der Abenteuer- und Bewegungsplatz in Hausen. Bei schlechtem Wetter empfehlen sich die Kurhessentherme in Kassel oder die Wellnessanlage Silbersee in Frielendorf.

KULTUR: Kulturbegeisterte besuchen die Sababurg mit dem ältesten Tierpark Europas und die Fachwerkstädte Hofgeismar und Melsungen.

INFO: **www.urlaubsregion-nordhessen.de**

98 BERNSTEINREITER BARTH

Oststeeluft und Pferdeduft

Natur und Erholung pur stehen im Erlebnisreiterhof Bernsteinreiter Barth mit seinem Ferienpark und Natur-Campingplatz auf der 30 Hektar großen Anlage in Hirschburg ganz oben. Die ruhige und idyllische Lage zwischen Graal-Müritz und Ribnitz-Damgarten direkt am Barther Bodden bietet ideale Bedingungen für die ersten Schritte in den Reitsport, aber auch für ausgedehnte Ausritte, natürlich nur für fortgeschrittene Reiter. Hier erlebt man viele unvergessliche Reitmomente in der herrlichen Natur unweit des Nationalparks Vorpommersche Boddenlandschaft. Auf dem Hof leben neben den Ponys und Pferden auch Meerschweinchen, Kaninchen, Hühner, Alpakas, Ziegen und Minischweine. Wer möchte, übernimmt eine Bernsteinreiter-Ponypatenschaft und unterstützt die Haltung und Fütterung eines Patentiers. Echten Spielspaß erleben die Kids auf dem Abenteuerspielplatz, im Sandkasten am Spiele-Häuschen oder im Kletternetz, das die Balancierfähigkeit fördert. Am Hof gibt es Zeltplätze und einige wenige Kapazitäten für Wohnmobile und Wohnwagen. Der Natur-Campingplatz fügt sich ideal in den Naturpark ein. Nicht jeder Stellplatz hält einen eigenen Stromanschluss bereit. Moderne Duschen, Waschräume und Toiletten sind vorhanden. Zum Frühstück lädt das Bernsteinhaus ein. Wer nicht selbst kochen möchte, kann sich dort auch täglich verpflegen lassen. **www.bernsteinreiter-barth.de**

Camping bei den Bernsteinreitern bedeutet: Gemeinschaft erleben (links) und die Landschaft am Bodden genießen (Mitte). Im Laden-Café gibt es Gutes zu essen und zu kaufen, frisch aus dem Wangeliner Garten (rechts).

TIPPS & INFOS

FREIZEIT: Die Bernsteinstadt Ribnitz-Damgarten ist von wildromantischen Landschaften und viel Wasser umgeben, sie liegt direkt am Saaler Bodden, etwa auf halber Strecke zwischen den Hansestädten Stralsund und Rostock. Hier erlebt man maritimes Treiben, Hafenfeste, vielseitige Veranstaltungen, Kunsthandwerker in traditionellen Ateliers und weite, unberührte Natur. Ob Segeln, Angeln, Golfen, Baden, Kanutouren oder Wasserski – am Bodden und den Ostseestränden wird es bestimmt nicht langweilig.

NATUR: Die Vogelparkregion Recknitztal, die Halbinsel Fischland-Darß-Zingst, das Große Moor von Ribnitz oder der Küstenwald bei Prerow bieten Naturliebhabern tolle Erlebnisse.

INFO: **www.ribnitz-damgarten.de**

99 WANGELINER GARTEN

Reichtum an Formen und Farben

Der Wangeliner Garten in Ganzlin unweit des Plauer Sees ist ein naturnaher ökologischer Lehr- und Schaugarten mit Biohof. Angelegt als eine »Insel der Vielfalt« in der weiten Landschaft Mecklenburgs, möchte er ein Ort der Begegnung, Besinnung und des Staunens sein – speziell für die Kleinen. Hier steht das Lernen über die Wunder der Natur und ihren Erhalt im Zentrum des Bildungsangebots. Dabei treffen Natur, Kultur, Lernen und Genuss aufeinander. In neun verschiedenen thematischen Abteilungen – von der Duft- bis zur Zauberpflanze – werden Pflanzen der traditionellen Heilkunde vorgestellt. Dieser Ort wohltuender Düfte, heilender Kräuter und bezaubernder Blumen lässt seine Besucher Raum und Zeit vergessen.

Im Gartencafé kommt Leckeres aus eigener Ernte auf den Teller, während die Kids in den verworrenen Gängen des Weidenlabyrinths, im großen dunklen Maulwurfshügel oder ganz oben auf der Zauberblume kleine Abenteuer erleben. Camping ist auf dem Gelände im eigenen Zelt, im Campingbus oder Anhänger möglich. Zentrale sanitäre Einrichtungen und eine Selbstversorgerküche stellt das Lehmhaus des Wangeliner Gartens zur Verfügung. Man kann aber auch am größten Kräutergarten Mecklenburg-Vorpommerns in ökologisch ausgebauten Wohnwagen oder im »Lehmkloster« übernachten. Nachdem sie einmal Eintritt gezahlt haben, dürfen Camper den Garten jederzeit nutzen.

www.wangeliner-garten.de

TIPPS & INFOS

FREIZEIT: Die Ausflugsideen gehen am Plauer See nicht aus und reichen vom Burgmuseum Plau am See über das Stadtmuseum Alter Amtsturm Lübz und das Modemuseum Meyenburg bis zum Müritzeum in Waren. In der nahen Umgebung kann man sich die neugotische Kirche, die Alte Brennerei, beide in Ganzlin, den Urdolmen von Twietfort, die Fachwerkkirche in Retzow, die neugotische Backsteinkirche in Gnevsdorf oder das Gutshaus in Klein Dammerow ansehen.

NATUR: Ruhe und Entspannung findet man im Naturschutzgebiet Wangeliner See, im Naturschutzgebiet Marienfließ oder im Gutspark Tönchow.

INFO: **www.ganzlin.de**

Früh übt sich, wer eine Auenland-Draisine fahren will.

100 EHRLINGSHOF Nah am Wasser

Die besondere Atmosphäre der vielen alten Fachwerkhäuser unter uralten Eichen machen das Gelände des Ehrlingshofs im niedersächsischen Rehden zu einem Ort, an dem man sich wohlfühlen kann. Der Waldsee mit Boot, Floß, Hütte, Badesteg und Liegewiese bietet sich zum Baden und Angeln an. Dafür, dass keine Langeweile aufkommt, sorgen eine Fußballwiese, der Grillplatz mit Lagerfeuer, Tischtennisplatten, Fußballkicker und der riesige Spielplatz mit Seilbahn, Schiffschaukel, Trampolin, Teufelsrad, Kinderfuhrpark sowie das Hofmuseum mit Kamin, Harmonium, Orgel und Billard. Auf der Pferdewiese leben ein Minipony und die zwei Schafe als Wohngemeinschaft friedlich beisammen. Die zwei Hängebauchschweinchen sind zahm und lassen sich gern von großen und kleinen Händen hinter den Ohren und am Bauch kraulen. Zwei Mutterschafe bilden mit ihren Lämmern eine lebhafte kleine Gruppe. Auf dem Campingplatz – mit leicht schattigen, großräumigen Rasenflächen – sucht sich jeder Gast seinen bevorzugten Platz, es gibt keine Parzellierung. Sanitäranlage mit Duschen, Toiletten und einer Spüle sowie Kühlschrank sind vorhanden. Das Wasser an den Zapfstellen hat beste Trinkwasserqualität. Allerdings gibt es keine Entsorgungsstationen für Chemietoilette und Brauchwasser. Das Heizen und Kochen funktioniert nur mit Gas.
www.ehrlingshof.de

TIPPS & INFOS

NATUR: Das Rehdener Geestmoor liegt 2 km vom Hof entfernt. Hier wurden die Moorflächen renaturiert und zum Naturschutzgebiet erklärt. Im Goldenstedter Moor gibt es einen 900 Meter langen Moorlehrpfad. Mit den Auenland-Draisinen aus Rahden kann man am Moorbahn-Bahnhof in Ströhen bequem auf die Ströher Moorbahn umsteigen und in das Naturschutzgebiet Neustädter Moor zum »Moorpadd« gelangen.

FREIZEIT: Tagesausflügler amüsieren sich im Tierpark Ströhen, dem Museumshof Rahden, im Heimatmuseum Aschen oder natürlich im Heidepark oder dem Vogelpark Walsrode.

INFO: **www.ehrlingshof.de/freizeitparks**

Ein Platz zum Träumen – und um Sauna, Massagen und Kräuterwanderungen zu genießen.

101 HOF AM KOLK Unter hohen Eichen

In einem lauschigen Wäldchen aus alten Eichen liegt zwischen Osnabrück und Oldenburg in Löningen-Angelbeck der Hof am Kolk. Historisches Fachwerk prägt das reetgedeckte Haupthaus, während ringsum eine bunte Vielfalt an Bäumen, Sträuchern, Kräutern und Blumen im großen Garten gedeiht und sich über den ganzen Hof verteilt. An diesem zauberhaften Ort hüpfen und springen Kinder auf den Trampolinen, hocken bei den Häschen im Stall, toben in der Strohscheune und beschäftigen sich mit den Pferden und Ponys beim Putzen, Ausreiten, Streicheln und wenn sie Leckerlis verteilen. Ein großzügiger Saunabereich lädt zur Erholung ein. Diejenigen, die ihre eigene Unterkunft mitbringen, finden ein schönes Plätzchen auf dem weiten Gelände. Natürlich gibt es auf dem Hof eine Grillmöglichkeit für eine große Runde im Grillhaus. Im Sommer werden Backofentage mit gemeinsamem Pizzabacken oder Brotbacken aus frisch gemahlenem Korn veranstaltet. Für Camper stehen unter den schattigen Eichen Strom und Wasser zur Verfügung. Auch der Weg zu den sanitären Anlagen im alten Speicher ist nicht weit. Einen ganz besonderen Platz bildet der rückwärtige Teil des Gartens: Dort spendet der hofeigene Brunnen Wasser. Eine Entsorgungsstationen für Chemietoilette und Brauchwasser fehlt allerdings. **www.hof-am-kolk.de**

TIPPS & INFOS

RAD/WANDERN: In der Nähe liegt am Hasetal-Radweg eine der »Hase-Vital-Stationen«. Das sind Kneippstellen zum Wassertreten oder Armbaden. Dabei geht es weniger um Sportlichkeit, sondern um die sinnliche Wahrnehmung der Natur, den Abbau von (Ver)Spannungen und die Konzentration auf Körper, Geist und Atmung.

FREIZEIT: In Löningen kann man Kutsch- und Planwagenfahrten unternehmen, im Wellenbad und Hallenbad zum Schwimmen gehen oder die Schnuten-Mühle und das Löninger Heimathaus kennenlernen. Für Surfer und solche, die es werden wollen, gibt es den Indoor-Surfspot »Hasewelle« im L&T Sporthaus in Osnabrück – auch toll zum Zuschauen.

INFO: **www.loeningen.de**

Der Ferienhof zur Hasenkammer bietet Camping mit Kühen, Ponys, Streicheltieren und ganz viel Platz zum Reiten, Spielen und Toben.

102 FERIENHOF ZUR HASENKAMMER

Authentisch und naturnah

In Medebach im Sauerland liegt der Ferienhof zur Hasenkammer. Hier lässt sich Bauernhofurlaub authentisch, naturnah und familiengerecht erleben. Auf dem kinderwagengeeigneten Weg zum nahegelegenen Forellenteich und auf dem Barfußpfad erwarten die großen und kleinen Spaziergänger viele spannende Aufgaben. Oder die Kids erobern den Hof per Dreirad, Bobby-Car, Gokart oder Trampeltrecker. Auf dem Abenteuer-Spielplatz, dem Bolzplatz mit Torwand und dem Spielraum »Kälberstall« gibt es genügend Platz zum Toben und Spielen. Kühe, Ponys, Hühner, Hasen und Ziegen bilden die Tiergesellschaft am Ferienhof. Vom Campingplatz für Wohnwagen, Wohnmobile und Zelte reicht der Blick über die herrliche Mittelgebirgslandschaft des Hochsauerlands. Es gibt Strom, teilweise SAT-Anlage sowie Wasser- und Abwasseranschluss, eine Sanitäranlage, Familienbad, Waschküche, Waschmaschine und Trockner und daneben einen Spiel-, Grill- und Bolzplatz sowie Lagerfeuerstellen. Der Milch-, Eier- und Brötchenservice ist möglich, auf Wunsch auch das Frühstück in der Bauernstube.
www.ferienhof-hasenkammer.de

TIPPS & INFOS

FREIZEIT: Medebach liegt direkt am Fuße des Rothaargebirges. Hier stellt der Ferienpark Hochsauerland mit seiner Saunalandschaft, dem subtropischen Schwimmbad, den Squash- und Tennisplätzen ein beliebtes Ausflugsziel dar.
NATUR: Wer sich gern in der freien Natur aufhält, schätzt die Begegnungen mit seltenen Tier- und Pflanzenarten im europäischen Vogelschutzgebiet Medebacher Bucht inmitten weiter Tallandschaften. Hier findet sich eine Vielzahl von streng geschützten Spezies. Die gesamte Schönheit dieses Vogelschutzgebiets lässt sich auf dem Medebacher Bucht-Rundweg erkunden.
INFO: **www.sauerland-travel.de**

»KLEINE ENTDECKER KOMMEN HIER DANK DER TIERE, DEN SPIELMÖGLICHKEITEN UND HOF-FAHRZEUGEN VOLL AUF IHRE KOSTEN.«

103 GUTSHOF SCHULZE ALTHOFF

Kinder- und Naturparadies

Inmitten der münsterländischen Parklandschaft im Naturschutzgebiet Vechteauen liegt in Schöppingen der Gutshof Schulze Althoff, umgeben von einer Parkanlage mit Angelteich. Der Bauernhof mit aktiver Landwirtschaft bietet Ruhe und Erholung, aber auch viel Abwechslung für die jungen und jüngsten Gäste. Spielfahrzeuge, Spielgeräte, Sandkästen und ein Riesentrampolin laden zum Toben ein. Im Garten lockt ein großes, beheiztes Schwimmbad. Kleine Pferdefreunde dürfen die Ponys putzen und geführte Ausritte rund um den Hof unternehmen. Ältere Kids können auf dem Hofteich Boot fahren oder angeln. Da zu jedem Bauernhofbesuch auch der Kontakt zu den Tieren gehört, freuen sich die Haflinger, die drei Shettys und die Katzen, Kaninchen, der Hund Micos und die beiden Ziegen über die Aufmerksamkeit der Kinder. Für Wohnmobil, Wohnwagen und Zelt ist auf dem vorhandenen Schotterplatz oder auf der grünen Wiese Platz. Der moderne Sanitärbereich mit Waschbecken, Duschen und Toiletten liegt gleich am Haupthaus. Der Campingplatz verfügt über Stromanschlüsse, Spülbecken und Waschmaschine. Brötchenservice und Frühstück können dazugebucht werden. Der Hofladen verkauft ausgewählte Produkte für Selbstversorger und als Souvenirs. **www.schulzealthoff.eu**

TIPPS & INFOS

FREIZEIT: Schöppingen hat einen Ruf als Künstlerdorf und Aussichtsplatz: Vom 158 Meter hohen Schöppinger Berg aus lässt sich ein weiter Teil des Münsterlands überblicken.

KULTUR: Junge Künstler zeigen in Schöppingen ihre Kunstwerke, die sich bei besonderen Projekten auch im Ortsbild wiederfinden. Ganz in der Nähe lockt mit dem Wallfahrtsort Eggerode ein echter Geheimtipp.

RAD: Gepflegte Radwege führen zur sehenswerten Altstadt von Steinfurt oder entlang der Vechte nach Metelen und weiter über die Vechtetalroute bis in die Niederlande.

INFO: **www.muensterland.com**

Der Naturpark Maas-Schwalm-Nette ist ideal zum Radeln und Wandern auf flachen Wegen, immer nah am Wasser.

104 KINDERBAUERNHOF STEFFENS

Kleine Hände helfen mit

Im Herzen des Naturparks Schwalm-Nette mit seinen Naturschönheiten am landschaftlich attraktivsten Teile des Niederrheins liegt Nettetal-Kaldenkirchen direkt an der niederländischen Grenze. Hier, auf dem Kinderbauernhof Steffens, lautet das Motto: »Wer sagt, dass Lernen langweilig ist?« Auf dem Hof entdecken die Kids spielend leicht das Leben mit Tieren und sehen, woher die Milch kommt und was die Kühe zum Leben brauchen. Der Hof hat es sich zur Aufgabe gemacht, dem Nachwuchs (nicht nur) aus der Stadt das Leben auf einem Bauernhof nahezubringen. Die Kühe müssen gemolken, die Ställe gemistet werden – hier auf dem Kinderbauernhof gibt es immer etwas zu tun, und jeden Tag erleben die Knirpse neue Abenteuer. Außerdem kann man mit Bauer Steffens und seinem Traktor im Planwagen durch die Nettetaler Landschaft fahren. Der Höhepunkt im Kinderjahr ist zweifellos die Geburtstagsfeier auf dem Hof. Für Camper besteht auf der Stellfläche Platz für drei Wohnmobile oder Auto-Wohnwagen-Gespanne. Es gibt Strom- und Wasserversorgung, und das Angebot des Kinderbauernhofs kann nach Herzenslust genutzt werden.
www.kinderbauernhof-steffens.de

TIPPS & INFOS

RAD/WANDERN: Mit viel Wald- und Wasserflächen bietet Nettetal ideale Voraussetzungen für Erholungssuchende. Erkundungstouren mit dem Fahrrad führen über den Alleenradweg oder den Radrundweg Nettetal. Auf den Premiumwanderwegen Galgenvenn durchstreifen Wanderer eine abwechslungsreiche Landschaft mit Eichen- und Kiefernwäldern, Mammutbäumen, Heidemooren, Flachskuhlen und Kiesgruben.
FREIZEIT: Sehenswert in der Umgebung sind der Aussichtsturm Taubenberg, der Kaiserturm und Burg Bocholtz.
INFO: **www.nettetal.de**

Von der Eifel ist es nicht weit bis zu den Weinhängen an Rhein und Mosel.

105 MECHELSHOF

Wohlfühloase in der Vulkaneifel

Klare Luft und einen herrlicher Ausblick findet man in Hörschhausen in der Vulkaneifel auf dem Mechelshof. Auf dem Bauernhof und den Feldern ist immer etwas los: Der Tag beginnt frühmorgens mit dem Melken der Kühe, die dann je nach Witterung auf die umliegenden Wiesen gelassen werden. Danach steht Stallarbeit auf dem Plan. Zudem ist alle paar Tage Nachschub der Silage nötig, was schweres Gerät erfordert und innerhalb des Stalls eine Menge Geschick bei der Platzierung. An vielen Aktivitäten nehmen die Kids teil, und Bauer Walter hat immer ein offenes Ohr für alle kleinen und großen Fragen. Natürlich können die Sprösslinge auch einfach im Stroh oder Heu toben, mit den Katzen schmusen oder mit dem Hofhund Lulu durch Wald und Flur stromern. Wer Glück hat, darf bei der Geburt eines Kälbchens mit dabei sein. Pferdebegeisterte Gäste können die zwei Ponys gerne auf der angrenzenden Wiese bewegen. Für Camper gibt es auf dem großen Schotterparkplatz für Wohnwagen oder auch Wohnmobile eine Strom- und Wasserversorgung durch am Platz montierte Zapfstellen. **www.mechelshof.de**

TIPPS & INFOS

FREIZEIT: Die Eifel bietet viele Ausflugsziele. Besonders der Laacher See und Maria Laach, Vogelsang, die Manderscheider Burgen oder der Wallende Born, ein Kaltwassergeysir, sind lohnende Ziele auf einem Tagesausflug.

NATUR: Wer Fauna und Flora liebt, sollte sich die Wacholderheiden, die Narzissenblüte oder die Orchideen im Naturpark nicht entgehen lassen.

RAD/WANDERN: Die Eifel aktiv zu erleben, macht Spaß: Radrundwege wie der Eifel-Ardennen-Radweg oder der Wilde (Wander)Weg im Nationalpark sind auch sehr gut für Kinder geeignet.

INFO: **www.eifel.info**

106 HÖHENHOF

Heuhotel und Caravanplatz

Im Hunsrück, umgeben von Feldern, Wiesen und viel Wald, schmiegt sich in Holzbach das Gut Höhenhof direkt an den Waldrand. Hier ist Raum für kleine und große Abenteuer wie Traktor- und Kutschfahrten, Barfußpfad, Natur-Erlebnis-Spielplatz, Bogenschießen, Schilflabyrinth, Bauerngolf, Grillabende und Nachtwanderungen. Die Kids toben auf dem Hofspielplatz, vergnügen sich mit dem vielfältigen Fuhrpark oder in der Spielscheune. Oder sie kümmern sich um die vielen Tiere und helfen beim Füttern, Misten und Pflegen der Pferde, Rinder, Ponys, Schafe, Schweine, Ziegen und Hühner. Für Camper ist es egal, ob sie im Wohnwagen, Wohnmobil oder Zelt nächtigen – und wer ein massiveres Dach überm Kopf brauchen sollte, kann sich in den vier Ferienwohnungen und zwei Ferienhäusern einquartieren. Auch Tagesgäste sind willkommen. Von den Stellplätzen aus bietet sich ein fantastischer Fernblick. Strom- und Wasser sind vorhanden. Toiletten und Spülmöglichkeit befinden sich in unmittelbarer Nähe zu den Plätzen. Die Duschen liegen nur wenige Meter entfernt im Haupthaus. Dort gibt es auch Wasch- und Trockenmöglichkeiten. Gezeltet wird unterhalb der Caravanplätze. Zudem steht ein Gemeinschaftsraum mit Kochgelegenheit und Sofaecke zur Verfügung. **www.hoehenhof.de**

TIPPS & INFOS

FREIZEIT: Einige Highlights im Umkreis sind die Karl-May-Festspiele in Mörschied, das Feuerwerk »Rhein in Flammen«, das Osterspektakel auf der Loreley, die Historienspiele oder das FestungsLeuchten auf der Koblenzer Feste Ehrenbreitstein, das Altburgfestival mit Keltenmarkt oder das Burgfest auf der Reichsburg Cochem. Sportlich kann man sich im Kletterpark Kirchberg oder im Waldabenteuer Kastellaun betätigen. Ganz in der Nähe liegen auch der Waldsee Argenthal und das Freizeitbad Simmern.

WANDERN: Der Rheinsteig, Moselsteig oder die Ehrbachklamm sind tolle Wanderziele in der Nähe.

INFO: **www.hoehenhof.de/freizeitangebote/ausflugsziele**

Wasser ist Leben und Lebenslust – im Vogtland kann man dies unmittelbar erleben. Viel Platz für Abenteuer beim Reiten oder auch zu Fuß

»DURCH DIE BIOTOP-PFLEGE WERDEN NATÜRLICHE, NATURNAHE UND SELTENE LEBENSRÄUME ERHALTEN.«

107 GLÄSERNER BAUERNHOF

Die Natur-Landschule

Natur mit allen Sinnen erleben – das wird hier im Vogtland großgeschrieben. Zwischen dem Poetenwald und dem Braunmühlental liegt in Markneukirchen der Gläserne Bauernhof an mehreren Fischteichen. In der »Natur-Landschule« kann man viel Wissenswertes erfahren – der gemeinnützige Verein setzt sich für Natur und Umwelt ein. Die Mitglieder des Vereins stellen in Seminaren und Workshops das Leben auf dem Land, die Pflege der Natur und der Biotope, die Wertschätzung von Pflanzen und Tieren sowie das alte Wissen der Heilpflanzen in den Mittelpunkt. Speziell durch die Biotoppflege werden natürliche, naturnahe, seltene und schöne Lebensräume geschützt, immer mit dem Ziel, die vielfältige Tier- und Pflanzenwelt zu bewahren. Diesem Anspruch werden auch die Produkte vom eigenen Hof gerecht, die in einem kleinen Hofverkauf erworben werden können. Junge Gäste können täglich bei der morgendlichen Tierfütterung mithelfen oder Spaziergänge mit Hofhund Ivy unternehmen. Mit Blick auf die Angelteiche bietet der Gläserne Bauernhof ruhige, teilweise befestigte Wiesenstellplätze am See für Wohnmobile und Caravans. Es gibt Brötchenservice, Sanitäranlagen, Strom- und Wasseranschluss und kostenloses WLAN. **www.glaeserner-bauernhof.de**

TIPPS & INFOS

KULTUR: Im Herzen des Oberen Vogtlands liegt die Musikstadt Markneukirchen. Über 300 Jahre Tradition und Kultur des Musikinstrumentenbaus prägen den Ort. Interessant sind das Vogtländische Freilichtmuseum und der Riedelhof, beide in Eubabrunn. Im Sommer gibt es thematische Events wie den Schäfer-, Landtechnik- und Holztag oder das Holzbildhauersymposium.

RAD/WANDERN: Markierte Rad- und Wanderwege laden zu ausgiebigen Touren im Tal des Eberbachs und der ganzen Ferienregion ein. Besonders der Ortsteil Erlbach, ein Luftkurort, ist eine Oase im Grünen und eine echte Entdeckung für Radsportler.

INFO: **www.vogtland.de**

Hier zeigen sich sogar die Hühner von ihrer besten Seite.

108 BAUERNHOF IN NEUNDORF

Abseits vom Alltag

In unmittelbarer Nachbarschaft zu einer ehemaligen Mühle, gut zu erreichen und abseits der üblichen Pfade erstreckt sich in Neundorf der Campinghof der Familie Leubner. Ob Kneipp-Anwendungen, das Schlafen im Heu oder Feiern in der Scheune, hier gibt es viel Platz, um Neues und Spannendes zu erleben. Pfaue, Hühner, Enten, Tauben, Kühe oder Katze sind auf dem Hof zu Hause und zeigen sich vor den kleinen und großen Gästen von ihrer besten Seite. Außerdem kann man das Angenehme mit dem Nützlichen verbinden und sich bei den kraftspendenden Anwendungen einer Kneipp-Kur erholen. Abseits vom Stress des Alltags kommen Seele und Körper zur Ruhe – der wohltuende Effekt setzt bereits nach ein paar Tagen ein. Neben rustikal hergerichteten Frühstücksräumen und den sauberen Sanitäranlagen stehen den Campern Grill- und Feuerplätze oder auch Esstische, Koch- oder Kühlmöglichkeiten zur Verfügung. **www.camping-bauernhof-neundorf.de**

TIPPS & INFOS

FREIZEIT: Der Hof ist ein idealer Ausgangspunkt für Touren in die Oberlausitz, Ausflüge nach Bautzen, Görlitz und Zittau oder über die Grenzen hinweg. Im Zittauer Gebirge kann man im Sommer Sandsteinfelsen bewundern, steile Bergrücken erklimmen, dichte Wälder durchstreifen, über sattgrüne Wiesen spazieren oder im Kanu über den Fluss gleiten. Und im Winter kristallklare Luft beim Ski- und Schneeschuhwandern, beim Eislaufen, Rodeln oder Skifahren genießen.

RAD/WANDERN: Das Zittauer Gebirge bietet auch Themenrad- und -wanderwege sowie Lehrpfade.

INFO: **www.zittauer-gebirge.com**

Landleben in Stadtnähe: Der Fläming liegt nicht weit entfernt von Potsdam und Berlin.

109 ÖKOHOF FLÄMING

Bioprodukte frisch vom Hof

Im Einklang mit der Natur nimmt der Ökohof Fläming in Schopsdorf bei der Bewirtschaftung der Felder, Wiesen und Weiden Rücksicht auf die Böden und die Umwelt. Auf chemische Pflanzenschutzmittel wird komplett verzichtet, der Pflanzenschutz erfolgt rein mechanisch. Der Ökohof erzeugt Honig, Eier aus den eigenen Mobilställen und Fleischprodukte von Hühnern, Gänsen, Rindern und Schweinen, die ihr gesamtes Leben im Freiland verbringen dürfen. Die Imkerei bildet das Kernstück des Hofs. Ansonsten leben hier auch noch Pferde, der Hofhund Susi und die Katzen Blacky und Taiga. Wanderreiter können den Hof als Station nutzen. Außerdem winkt hier Hilfe, falls Bienenschwärme eingefangen oder Wespen umgesiedelt werden müssen. Camper, die echte Landidylle suchen, finden am Ökohof einen tollen Standort. Auf dem sonnigen und unbefestigten Stellplatz gibt es Sanitäranlagen, Strom- und Wasseranschluss. Der Online-Hofladen bietet leckere Produkte an, die Eierklappe vertreibt Bio-Eier, -Gemüse und -Honig. Auch ein Brötchenservice ist möglich. Wer möchte, kann ein Gästezimmer mieten. **www.oekohof-flaeming.de**

TIPPS & INFOS

FREIZEIT: Eingerahmt von Elbe, Saale und Bode lädt die Magdeburger Börde zu zahlreichen Aktivitäten im und am Wasser ein. Sehenswürdigkeiten sind der Magdeburger Dom, der Herrenkrugpark, der Klosterbergegarten, das Hundertwasser-Architekturprojekt und das Wasserstraßenkreuz, alle in Magdeburg, und das Schiffshebewerk Rothensee.
RAD/WANDERN: Das Biosphärenreservat Mittelelbe ist Teil der Region. Ein Abschnitt des Elberadwegs führt durch idyllische Elbauen und vorbei an historischen Bauwerken.
INFO: **www.sachsen-anhalt-tourismus.de**

Winnetou und Old Shatterhand (unten) heißen die Lamas auf dem Ferienhof Folger. Gleich hebt der Drachen ab in die Ostseeluft.

110 FERIENHOF FOLGER

Landleben und frische Nordseeluft

Direkt am Wattenmeer, inmitten idyllischer Natur zwischen dem Heilbad Büsum und dem bekannten Ferienort St. Peter-Ording, liegt in dem ruhigen Dorf Hedwigenkoog der Ferienhof Folger. Hier kann man erlebnisreiche und erholsame Urlaubstage in der Gesellschaft von Schafen, Ponys, Hühnern, Schweinchen, Gänsen, Hund und Katzen verbringen. Ganz neu sind die Lamas Winnetou und Old Shatterhand. Die Kinder verausgaben sich beim Trampolinspringen oder im Planschbecken, in der Kletterlandschaft oder auf dem Strohboden und beschließen den Tag mit ihren Eltern beim Grillen und Stockbrotbacken am Lagerfeuer. Natürlich können sich sowohl die Großen als auch die Kleinen an den landwirtschaftlichen Aktivitäten beteiligen, beispielsweise beim Füttern der Tiere. Wer mehr helfen möchte, als nur die Eier zu holen und den Minischweinen ihr Fressen zu geben, sollte im Frühjahr kommen, wenn der Stall voll mit Schafen und Lämmchen ist. Sie brauchen Heu, Wasser oder auch mal eine Nuckelflasche. Am Campingplatz sind Wohnmobile, Wohnwagen, aber auch Zelte willkommen. Die Stellplätze verteilen sich auf einem geschützten kleinen Platz, umgeben von Wiesen und Feldern. Die Rasenplätze sind zwischen 100 und 150 m^2 groß, haben Stromanschluss (Eurostecker) und Frischwasseranschluss am Platz sowie sanitäre Anlagen, Abwaschbecken, Waschmaschine und Trockner. **www.bauernhofcamping-nordsee.de**

TIPPS & INFOS

FREIZEIT: Der kurtaxefreie Badestrand befindet sich ganz in der Nähe. Ein Muss sind auch das Nordseeheilbad Büsum, die Hochseeinsel Helgoland, Tönning und St. Peter-Ording. Eine unvergessliche Erinnerung schafft eine Wattführung mit Krabbenfischern. Dabei steht das Tierleben im enorm artenreichen Watt im Vordergrund. Außerdem lernt man Interessantes über Land, Leute und die Krabbenfischerei einstmals und heute.
RAD: Schöne Radtouren führen an der Küste entlang bis Büsum oder über das Eidersperrwerk bis St. Peter-Ording.
INFO: **www.bauernhofcamping-nordsee.de**

»OB NORD- ODER OSTSEE, AN DEN KÜSTEN HAT TOURISMUS EINE JAHRHUNDERTEALTE TRADITION.«

111 LINDENHOF

Gutshof mit vielen Qualitäten

In der kleinen Dorfgemeinde Ahneby im Herzen der Hügellandschaft Angeln zwischen den Städten Schleswig, Flensburg und Kappeln steht der Erlebnisbauernhof Lindenhof. Der historische Dreiseithof ist ein konventionell vollbewirtschafteter Bauernhof mit Getreide- und Rapsanbau, Schweinezucht und -mast sowie regenerativer Stromerzeugung. Auf dem Hof leben Ponys, Hühner, Laufenten, Gänse, Meerschweinchen, Kaninchen, Katzen und Hunde, die es gewöhnt sind, ausgiebig gestreichelt zu werden. Aber auch die Schweine sind glücklich über Futter und Besuch. Am Lindenhof kommt keine Langeweile auf, denn die kleinen und größeren Gäste fahren auf dem Traktor oder Mähdrescher mit, machen Nachtwanderungen, reiten oder spielen Fußball, Volleyball, Basketball, Federball und Tischtennis. Wer noch Energie übrig hat, lässt Drachen steigen, bastelt Bauernhofposter oder fährt mit Rädern, Rutschautos, Trettreckern, Kettcars und Bollerwagen über den Hof. Für Camper gibt es auf einer idyllischen Wiese im ehemaligen Obstgarten drei naturnahe Stellplätze für Zelte, Wohnwagen und Wohnmobile mit Sanitärbereich, Strom- und Wasseranschluss sowie einem Hauswirtschaftsbereich mit Spüle, Kühlschrank, Mikrowelle und Toaster. Alle Camper dürfen die Freizeitangebote des Hofs ohne Extrakosten nutzen. Zusätzlich können für die Kids individuelle Reitstunden dazu gebucht werden. **www.lindenhofurlaub.de**

TIPPS & INFOS

FREIZEIT: Kur- und Badebetrieb herrscht in den nahe gelegenen Orten Glücksburg und Gelting. Das Spazierengehen, Baden, Surfen, Segeln, Paddeln, Wasserski oder Schifffahren auf der Schlei oder in der Nord- und Ostsee zählen zu den Lieblingsbeschäftigungen der Gäste. Ansonsten kann man das Landschaftsmuseum Unewatt, die St.-Marien-Kirche in Sörup, das Schloss Gottdorf in Schleswig, den Familienfreizeitpark Tolk und den Tierpark Gettorf besuchen oder Ausflüge nach Flensburg, Glücksburg, Kappeln, Damp, Schleswig, Friedrichstadt, Husum, Sylt, Föhr, Amrum, Dänemark oder Legoland im dänischen Billund unternehmen.
INFO: **www.ostsee.de**

Kälbchen zu füttern ist gar nicht so einfach.

Die großen Maschinen begeistern fleißige Helfer.

MITHILFE AM HOF

Ärmel hochkrempeln und anpacken!

Anstatt sich im Liegestuhl zu aalen zur Heugabel greifen? Einmal im Urlaub den »Bauersleut« bei der Heuernte oder im Stall helfen? Diese sehnsüchtigen Gedanken haben überraschend viele Leute, die täglich in fordernden Jobs arbeiten. Die Tastatur und den Bildschirm gegen Rechen und Mistgabel zu tauschen, kann enorm erfüllend sein.

Sicher ist: Auf einem Bauernhof gibt es viel zu tun! Kühe melken, Äcker und Felder bewirtschaften, Obst und Getreide ernten, alle Tiere versorgen, Produkte weiterverarbeiten und vermarkten. Diese Arbeiten kommen einem heute in den Sinn, wenn man an Landwirtschaft denkt. Nach wie vor verrichten sie Bauern und Bäuerinnen – doch hat sich die Lebensweise der Landwirte in den letzten Jahrzehnten stark verändert. Oftmals sind die Hofbetreiber auch noch Manager, die EU-Vorschriften und regionale Anforderungen beachten müssen. Trotz technischer Hilfen gibt es auf einem Hof immer genug zu tun. Die meisten Bauernhöfe, die wir in diesem Buch vorstellen, freuen sich über tatkräftige Mithilfe und offene Herzen und darüber, ihr Wissen den großen und kleinen Gästen näherzubringen. Die Kids erlernen beim täglichen Gang in den Stall spielerisch den Umgang mit den Tieren und erfahren in der Bauernküche, wie viel Arbeit in einem frisch gebackenen Laib Brot steckt. Zur Heuernte ist jede helfende Hand gern gesehen, und nach dem erfolgreichen Einbringen sitzt man gemütlich beim Essen und Trinken zusammen.

Besonders Höfe in Extremlagen können Unterstützung gut gebrauchen, etwa um den im letzten Winter von einer Lawine beschädigten Schafstall zu reparieren oder wenn ein Familienmitglied erkrankt ist. In Deutschland gibt es einige Organisationen, die Freiwillige vermitteln, die gegen Kost und Logis bereit sind, ehrenamtlich in einer solchen Notsituation einzuspringen. Dabei tut man nicht nur etwas Gutes, sondern bekommt auch einen Einblick in das harte Leben der Bauern.

Wer also gerne im Urlaub anpacken möchte und sich für diese Arbeit nicht zu schade ist, wird mit einzigartigen Erlebnissen und viel neuer Lebenserfahrung nach Hause zurückkehren. Denn jede Auszeit auf einem Hof oder sogar hoch oben auf einer Alm verändert dauerhaft die Perspektive (www.alpenverein.de).

Ausmisten kann richtig Spaß machen.

Gemeinsam aktiv zu sein schweißt zusammen.

ADRESSEN

1. ERLEBNISWELT BAUERNHOF

Abrahamhof, Angerfeldweg 10, 83671 Benediktbeuern
Bauer Korl's Golchener Hof, Golchener Hof 1, 19412 Golchen
Burgbauernhof Katzenstein, Wirtschaftshof 1, 36452 Andenhausen/Rhön
Bussjägerhof, Bromberg 9, 82389 Böbing
Dreher's Erlebnishof, Unterdorfweg 1, 88348 Bad Saulgau
Dreiseithof Schmadebeck, Satower Straße 2, 18236 Kröpelin/OT Schmadebeck
Ferienhof Eulennest, Kirchplatz 1, 97258 Gollhofen
Ferienhof Knoop, Lachtehäuser Str. 28, 29223 Celle
Ferienhof Königsmühle, Königsmühle 1, 36145 Hofbieber
Ferienhof Meyer, Ringstraße 98, 32469 Petershagen
Ferienhof Radlandsichten, Radlandsichten, 23714 Malente
Ferienhof Tillich, Schiebsdorf 16, 15938 Kasel-Golzig
Ferienhof zur Tabakblüte, Dorfstraße 27a, 16307 Gartz (Oder)
Grieshof, Grieshof 1, 56283 Beulich
Gutshof Käppeler, Hofstraße 22, 88631 Beuron
Gut Sommereichen, Gut Sommereichen 1, 02633 Doberschau-Gaußig
Hermannshoehe, Lehenstr. 3, 88693 Deggenhausertal
Hof Neversfelde, Grebiner Weg 6a, 23714 Malente
Hubertushof, Wenneweg 2, 59889 Eslohe (Sauerland)
Landferienhof Garbert, Am Fertenbach 3, 49849 Wilsum
Müritz-Hof Knust, Dorfstraße 9, 1 7192 Klink
Sonnenlandhof, Dorfstraße 23, 16818 Neuruppin
Tiererlebnishof Obermühle, Bornweg 53, 63599 Biebergemünd
Tödter's Immenhof, Reinsehlen 4, 29640 Schneverdingen
Ur Laub's Hof, Urweilerhof, 66606 St. Wendel
Weidelshof, Weidelshof, 34311 Naumburg
Wisch-Hof, Dorfstraße 38, 24217 Krokau

Special: Luxus mit Bauernhof-Charme

Albers' Rosenhof, Rosenhof 3, 29646 Bispingen
Ferienbauernhof Voß, Uentropstraße 12, 57392 Schmallenberg
Ferienhof & Baumhaushotel Allgäu, Kaisersmad 6, 87488 Betzigau
Ferienhof Hardthöhe, Hof Hardthöhe, 55430 Oberwesel
Ferienhof Kosertal, Webergasse 10, 95352 Marktleugast
Ferienhof Laurenz, Am Fürstenbusch 20, 48599 Gronau
Friesenhof, Dorfstraße 14, 26427 Neuharlingersiel
Hof Saathoff, Greetsieler Str. 24, 26736 Krummhörn
Moierhof, Stöffling 1, 83376 Truchtlaching
Staller Ferienhof, Staller 1, 83370 Seeon-Seebruck

2. ALLES GLÜCK DIESER ERDE …

Albers' Rosenhof, Rosenhof 3, 29646 Bispingen
Erlebnis-Bauernhof Kliewe, Mursewiek 1, 18569 Ummanz
Ferien- & Reiterhof Landgut Lischow, Lischow 21, 23974 Neuburg
Freizeit- und Ferienreiterhof Odenwald, Steinigweg 1, 74736 Hardheim
Gestüt Hof am See, Nothweg 2-4, 23669 Timmendorfer Strand
Hochgallinger Hof, Hochgalling 1, 83313 Siegsdorf
Küselhof und Reiterhof Witt, In de Löt 2, 23769 Fehmarn
Landgut Moralthof, Unterlus 1, 83661 Lenggries
Landgut Pfauenhof, Mühlenweg 2-4, 54552 Utzerath
Pferdehof Kindermann, Lutherstraße 19, 98639 Metzels
Pferdehof Ruhnau, Potzlow-Abbau, 17291 Oberuckersee
Ponyhof Meier, Homertstraße, 59889 Eslohe (Sauerland)
Reiterhof Groß Briesen, Kietz 11, 14806 Bad Belzig
Reiterhof Seehof, Ferienwohnungen Seehof am Waginger See, Seehof 1, 83367 Petting
Reiter- und Ponyhof Georgenbruch, Müssingen 25, 48351 Everswinkel
Sternenhof, Kanzelweg 8, 72290 Loßburg-Sterneck
Urlaubsreiterhof Trunk, Reckerstal 14, 97999 Igersheim
Weichaer Hof, Hauptstraße 24, 02627 Weißenberg

Special: Känguru, Alpaka und Co. – außergewöhnliche Tiere auf dem Bauernhof

Alpakahof Bad Hindelang, Schulgasse 3, 87541 Bad Hindelang
FerienGut Dalwitz, Dalwitz 46, 17179 Walkendorf
Georgenhof, Georgenhof 1, 82386 Huglfing
Haberjockelshof, Schwärzenbach 24, 79822 Titisee-Neustadt
Hof Erlenbruch, Erlenbruch 1, 51598 Friesenhagen
Hubertushof Schönbach, Hubertushof, 54552 Schönbach
Hussnhof, Kirchbichler Str. 12, 83679 Sachsenkam
Luminohof, Löbschütz 1, 01665 Käbschütztal
Simmernhof, Neunburger Str. 18, 92554 Thanstein
Ziegenhof, Landgut Pfeiffhausen, Friedeburger Str. 9, 06347 Gerbstedt

3. NACHHALTIG VERREISEN – BIOBAUERNHÖFE

Andrebauernhof, Sulzbacher Str. 11A, 83334 Inzell
Behringhof am Gamengrund, Berliner Str. 23 b, 16259 Gemeinde Höhenland
Bio-Bauernhof Buntekuh, Am Hilgen Hof 12, 34286 Spangenberg
Bio-Bauernhof mit Nudelmanufaktur, Rebhuhnweg 33, 41844 Wegberg
Biohof Diemitz, Dorfstr. 28, 17252 Mirow
Biohof Insel Fehmarn, Ostermarkelsdorf 2, 23769 Fehmarn
Bio-Landhof von Agris, Maasstraße 140, 47574 Goch
Biolandferienhof s'Fleckli, Schloßhofweg 2 Passhöhe Heidburg, 79215 Elzach
Bio-Wildhof, Mühlenstraße 20, 18279 Lalendorf

Ferienbauernhof Gschwinghof, Schönhöfe 3, 79271 St. Peter
Ferienhof Taunusblick, Hof Taunusblick 1, 56379 Hömberg
Gut Boltenhof, Lindenallee 14, 16798 Fürstenberg/Havel
Gut Grasleiten, Grasleiten 1, 82386 Huglfing
Hof Carmshausen, Kasseler Landstraße 29, 37213 Witzenhausen
Hof Sickenberg, Sickenberg 9, 37318 Asbach-Sickenberg
Hofgut Sachsen-Wagner, Hauptstraße 14, 54675 Geichlingen
Hof Köhne, Berghausen 16, 57392 Schmallenberg
Körnermühle, Ammelsdorf 58/59, 01744 Dippoldiswalde
Michelshof, Amelscheider Weg 16, 54608 Mützenich
Schümannhof, Kreuzweg 1, 25364 Brande-Hörnerkirchen
Thelenshof, Holderweg 8, 53925 Kall
Warfthof Wollatz, Hellschener Chaussee 14, 25764 Süderdeich

Special: Vitaminreiche Hoferkundung

Ferienhof Stegen, Meinholz 5, 29649 Wietzendorf
Hoehlerhof, Höhlerhof 1, 88048 Friedrichshafen
Hof Obst, Brüsenhagen 28, 16866 Gumtow
Ingenhof, Dorfstraße 19, 23714 Malente-Malkwitz
Obstbau Knoll, Bamberger Str. 8, 88662 Überlingen
Obsthof Bernhard, Appenweiler 6, 88048 Friedrichshafen
Obsthof Oberhof, Bamberger Str. 30, 88662 Überlingen
Obsthof Schütterle, Friedrichshafener Str. 99/1, 88214 Ravensburg
Obst- und Urlaubshof Steffelin, Gartenweg 1, 88677 Markdorf
Urlaubs- und Früchtehof Schmörholm, Hof Schmörholm 1, 25917 Leck

4. IDYLLISCHE TAGE AN SEE & MEER

Bauernhof Familie Reichelt, Rostocker Chaussee 59, 19395 Plau am See
Bauernhof Familie Wulff, Sönke-Nissen-Koog 3, 25821 Reußenköge
Bio-Bauernhof Dirnberger, Muckenbach 6, 93149 Nittenau
Ferienhof Dethlefsen am Meer, Waldhusen 17, 25849 Pellworm
Ferienhof Hafflandsichten, Haffstraße 37, 17419 Dargen/Usedom
Ferienhof Kotthoff, Mielinghausen 2, 59872 Meschede
Evershof, Kowitzberg 3, 23570 Lübeck
Groot Plaats, Deichstraße 31, 26506 Norden
Hofgut Schleinsee, Schleinsee 3, 88079 Kressbronn am Bodensee
Hof hinterm Deich, Bäderstraße 72, 26349 Jade
Küstenhof Oldewurtel, Neudeicher Weg 4, 26506 Norden
Nordlichter, Schulstraße 16, 23974 Blowatz/OT Dreveskirchen
Obst- und Ferienhof Sohm, Kaiserpfalzstraße 17, 78351 Bodman-Ludwigshafen
Reiterhof Würdenhain, Würdenhainer Dorfstraße 9, 04932 Röderland
Rittergut Schlüsselburg, Brückenweg 40, 32469 Petershagen
Salenberghof, Salenbergweg 29, 87669 Rieden am Forggensee
Schäferhof Dircks, Westerheverstr. 32, 25881 Westerhever
Siefertshof, Hauptstraße 12, 64756 Mossautal
Simmernhof, Neunburger Str. 18, 92554 Thanstein
Wastleicherhof, Oberulsham 2, 83125 Eggstätt
Weberhof, Bruderhalde 2, 79856 Hinterzarten
Westendorff's in Warthe, Dorfplatz 3, 17406 Warthe

Special: Verantwortung für die geschenkte Natur

Bauernhof Büchsenschütz, Seestraße 24, 34516 Vöhl
Dreher's Erlebnishof, Unterdorfweg 1, 88348 Bad Saulgau
Erlenhof, Erlenweg 20, 87541 Bad Hindelang
Erlenhof in Oderbruch, Kienitzer Oderstraße 51, 15324 Letschin/OT Kienitz
Esterer Hof, Esterer 1, 83370 Seeon-Seebruck
Ferienhof Krey, Neufelderkoog 21, 25724 Neufelderkoog
Landhaus Schulte-Göbel, Selkentrop 14, 57392 Schmallenberg
Okelmann's, Warpe 15 b, 27333 Warpe
Urlaub unterm Reet, Hauptstraße 29, 23923 Lüdersdorf
Wellnesshotel Blenk, Starzlachauen 3, 87497 Wertach

5. BAUERNHOF MIT STELLPLATZ – URLAUB IM ZELT, VAN ODER WOHNMOBIL

Asel-Süd Edersee-Paradies, Asel-Süd 1, 34516 Vöhl
Bauernhof in Neundorf, Burkersdorfer Str. 17, 02747 Großhennersdorf/OT Neundorf
Bernsteinreiter Barth, Glöwitz 1, 18356 Barth
Campingplatz am Bauernhof, Zum Lierloch 1, 34593 Knüllwald
Ehrlingshof, Wähaus-Ehrling 41, 49453 Rehden
Ferienhof Folger, Westerkoog 14, 25761 Hedwigenkoog
Ferienhof zur Hasenkammer, Hasenkammer 4, 59964 Medebach
Forellenhof Reuss, Am Erlich 30, 97762 Hammelburg
Gläserner Bauernhof, Breitenfelder Str. 40, 08258 Markneukirchen
Gutshof Schulze Althoff, Heven 48, 48624 Schöppingen
Hirschhof Hildebrandt, Küsterland 19, 16909 Wittstock/Dosse
Höhenhof, Höhenhof, 55469 Holzbach
Hof am Kolk, Gänhauk 22, 49624 Löningen
Hof Gottenau, Gottenau 1, 83730 Fischbachau
Hofgut Hopfenburg, Hopfenburg 12, 72525 Münsingen
Kinderbauernhof Steffens, Hülst 16, 41334 Nettetal
Kirnermartes Hof, Vörlinsbachstraße 22, 79254 Oberried
Lindenhof, Dorfstraße 16, 24996 Ahneby
Mechelshof, Dauner Str. 24, 54552 Hörschhausen
Ökohof Fläming, Dorfstraße 2, 39291 Schopsdorf
Schwarzfelder Hof, Schwarzfelder Weg 3, 89340 Leipheim
Wangeliner Garten, Vietlübber Straße, 19395 Buchberg

IMPRESSUM

Verantwortlich: Susanne Kaufmann
Redaktion: Britta Mentzel
Layout: Tanja Clauss, Octaviz Studios
Umschlaggestaltung: Regina Degenkolbe

Repro: Ludwig media
Kartografie: Huber Kartographie, Heike Block
Herstellung: Betina Schippel
Printed in Slovenia by Florjancic

★★★★★

Sind Sie mit diesem Titel zufrieden? Dann würden wir uns über Ihre Weiterempfehlung freuen. Erzählen Sie es im Freundeskreis, berichten Sie Ihrem Buchhändler, oder bewerten Sie bei Onlinekauf. Und wenn Sie Kritik, Korrekturen, Aktualisierungen haben, freuen wir uns über Ihre Nachricht an Bruckmann Verlag, Postfach 40 02 09, D-80702 München oder per E-Mail an lektorat@verlagshaus.de

Unser komplettes Programm finden Sie unter www.bruckmann.de

Alle Angaben dieses Werkes wurden von der Autorin sorgfältig recherchiert und auf den neuesten Stand gebracht sowie vom Verlag geprüft. Für die Richtigkeit der Angaben kann jedoch keine Haftung übernommen werden, weshalb die Nutzung auf eigene Gefahr erfolgt. Insbesondere bei GPS-Daten können Abweichungen nicht ausgeschlossen werden. Sollte dieses Werk Links auf Webseiten Dritter enthalten, so machen wir uns die Inhalte nicht zu eigen und übernehmen für die Inhalte keine Haftung.

In diesem Buch wird aus Gründen der besseren Lesbarkeit das generische Maskulinum verwendet. Weibliche und anderweitige Geschlechteridentitäten werden dabei ausdrücklich mitgemeint, soweit es für die Aussage erforderlich ist.

Bildnachweis: Ahlström Photographie: S. 72, 73; Andrebauernhof: S. 83; Lisa Bahnmüller: S. 4, 6/7, 10, 13, 14/15, 19, 22-27, 31, 34, 37, 44, 45, 47, 49o., 50, 54, 56, 57, 59, 62-67, 70, 80, 89, 90, 95, 100, 101, 106, 107o., 108, 114, 117, 125re., 138-139, 147, 157, 160, 162re., 164li.; Dr. Wilfried Bahnmüller: S. 8/9, 35, 119, 146; Bauernhof Familie Wulff: S. 135; Bernsteinreiter Barth: S. 150u., 150o.; Biohof Nature Homes: S. 104, 105; Biolandferienhof S´Fleckli: S. 81; Erika Busch: S. 42; Bussjägerhof: S. 16, 17, 165u.; Color Solutions: S. 110-111; Ulf Dahl: S. 137; Dreher´s Erlebnishof: S. 12, 164re.; Ehrlingshof: S. 152; Eulennest: S. 18; Evershof: S. 132; M. Fehse: S. 87; Ferienhof Dethlefsen: S. 134; Ferienhof Folger: S. 162li.; Ferienhof Taunusblick: S. 99; Ferienhof zur Hasenkammer: S. 154, 155; Warse Garbert: S. 32, 33; Gestüt Hof am See: S. 74; Gläserner Bauernhof: S. 158li.; Jan Goegge: S. 78; Golchener Hof: S. 28, 29; Groot Plaats: S. 126o., 127; Gut Boltenhof: S. 86; Jan Hanser: S. 98; Julia Hartmann/Karin Averbeck: S. 71; Sigurd Heinz: S. 30 (2); K. Hirrich: S. 151; Hochgallinger Hof: S. 58; Hofgut Schleinsee, Sascha Baumann: S. 112; Hof am Kolk: S. 153; Hof Carmshausen: S. 88;Hof Gottenau: S. 144, 145; Hof Köhne: S. 92; Hofgut Hopfenburg: S. 142; Höhenhof: S. 158re.; Michael Holz: S. 116; Huber Images: S. 49u. (Udo Bernhart), S. 75 (Christof Sonderegger), 76 (Oliver Giel), 94 (Davide Erbetta), 118 (Maurizio Rellini), 124 (Cornelia Dörr), 125li. (Reinhard Schmid), 129 (Hans-Peter Merten), 130 (Holger Klaes), 136 (Francesco Carovillano), 148 (Günter Gräfenhain); Michael Jaensch: S. 91; Kinderbauernhof Steffens: S. 156; Heidrun Koschner: S. 161; Thomas Kujat: S. 115 (2); Laub: S. 38, 39; Katja Mähler: S. 43; Photo Stream: S. 102; Reiter- und Ponyhof Georgenbruch: S. 68, 69; Hans Sachs: S. 60o., 61; Simone Schneider: S. 143; Schümannhof: S. 103; Shutterstock: S. 36 (EvgeniiAnd), 60u. (Oleksii Synelnykov), 77o. (Nicole Dericks), 77u. (R. Maximiliane), 93 (Boris Franz), 96 (Javier Cambra Enguix), 107u. (Cherries), 120 (LianeM), 122/123 (powell'sPoint), 128 (Len44ik), 131 (Christian Schwier), 133 (TunedIn by Westend61), 140 (Aleksi Partanen), 149 (Santirat Praeknokkaew); Siefertshof: S. 121; Sonnenlandhof: S. 20, 21; Katy Spichal: S. 84, 85; Günter Standl: S. 48; Sternenhof: S. 55; Ur Laub´s Hof: S. 40-41; Fam. Weber vom Gschwinghof: S. 82; Weberhof: S. 113; Wisch-Hof: S. 46; Urlaubsreiterhof Trunk/www.urlaubsreiterhof.de: S. 52, 53, 165o.
Umschlagvorderseite: Für den einen Arbeit für die Kinder Vergnügen: Kühe füttern (Manenok Svetlana/shutterstock).
Klappe vorne v.l.o.n.r.u.: Was gibt es schöneres als nass werden zu dürfen (Lisa Bahnmüller); Schweineglück, Gut Grasleiten (Katy Spichal); Kinder- und Katzenglück, Gut Grasleiten (Katy Spichal); Urlaub inmitten von Wiesen, Wäldern und der Grasleitner Moorlandschaft, Gut Grasleiten (Katy Spichal)
Umschlagrückseite v.l.o.n.r.u.: Urlaub im Einklang mit der Natur in den Chiemgauer Alpen, Andrebauernhof (Andrebauernhof); Mütterliche Fürsorge im Kuhstall, Gut Grasleiten (Katy Spichal); Schweine füttern auf dem Grieshof (Laub); Badespaß pur, Hofgut Schleinsee (Hofgut Schleinsee)

Die Deutsche Nationalbibliothek verzeichnet diese Publikation in der Deutschen Nationalbibliografie; detaillierte bibliografische Daten sind im Internet über http://dnb.d-nb.de abrufbar.

ISBN: 978-3-7343-2128-3